全国“八五”普法学习读本系列

# 法律明白人
# 应知应会生态环境
# 实用手册

全国“八五”普法学习读本编写组　编

法律出版社
LAW PRESS · CHINA
北京

图书在版编目(CIP)数据

法律明白人应知应会生态环境实用手册 / 全国"八五"普法学习读本编写组编. -- 北京 : 法律出版社, 2022(2023.10 重印)
ISBN 978 -7 -5197 -6571 -2

Ⅰ. ①法… Ⅱ. ①全… Ⅲ. ①生态环境保护－环境保护法－中国－通俗读物 Ⅳ. ①D922.680.5

中国版本图书馆 CIP 数据核字(2022)第 052933 号

**法律明白人应知应会生态环境实用手册**
**FALÜ MINGBAIREN YINGZHI YINGHUI SHENGTAI HUANJING SHIYONG SHOUCE**

全国"八五"普法学习读本编写组 编

策划编辑 沈小英
责任编辑 沈小英 王美懿
装帧设计 汪奇峰

**出版发行** 法律出版社
**编辑统筹** 法治与经济出版分社
**责任校对** 晁明慧
**责任印制** 吕亚莉
**经　　销** 新华书店

**开本** A5
**印张** 7.5　**字数** 154 千
**版本** 2022 年 6 月第 1 版
**印次** 2023 年 10 月第 2 次印刷
**印刷** 天津嘉恒印务有限公司

地址:北京市丰台区莲花池西里 7 号(100073)
网址:www.lawpress.com.cn
投稿邮箱:info@lawpress.com.cn
举报盗版邮箱:jbwq@lawpress.com.cn
销售电话:010 - 83938349
客服电话:010 - 83938350
咨询电话:010 - 63939796


**书号**:ISBN 978 -7 -5197 -6571 -2
**定价**:48.00 元
凡购买本社图书,如有印装错误,我社负责退换。电话:010 - 83938349

**撰稿人**

吴凯杰　赵仙凤　李映斌　吕可欣

# 编 写 说 明

2020 年 11 月 16 日至 17 日召开的中央全面依法治国工作会议，明确了习近平法治思想在全面依法治国工作中的指导地位，这是我国社会主义法治建设中具有现实意义和深远意义的大事。习近平法治思想是马克思主义法治理论中国化的最新成果，是习近平新时代中国特色社会主义思想的重要组成部分，是全面依法治国的根本遵循和行动指南。

在习近平新时代中国特色社会主义思想指引下，为深入学习贯彻习近平法治思想，我们编写了《法律明白人应知应会生态环境法律实用手册》，以落实《中央宣传部、司法部关于开展法治宣传教育的第八个五年规划（2021—2025 年）》，切实抓好普法学习宣传，以督促村民保护生态环境、建设生态文明，解决其日常生产生活中的法律问题，增强其法治观念，提升其法治素养。“法律明白人”培养工作被纳入法治社会建设和乡村振兴总体规划，作为加快推进乡村人才振兴工作的重要内容，也是加强基层普法工作队伍建设、健全精准有效普法工作体系的重要举措。“法律明白人”应在宣传习近平法治思想、法律、法规、党的政策，引导法律服务,化解矛盾纠纷,提高法律意识,参与社会治理中发挥示范引领作用,以推动农村形成办事依法、遇事找法、解决问题用法、化解矛盾靠法的法治环境。

本书主要特点和特色如下:

第一,立足基层实际需求。本书内容均来自于基层实际遭遇的生态环境法律争议,包括大气、固废、噪声、土壤污染与水体、土地、森林、野生动植物保护等领域的普遍问题。本书聚焦村民日常生产生活遇到的60个生态环境法律问题,吸收的司法经验和地方法治实践情况,是集法律法规与案例分析于一体的专业工具书。

第二,反映立法最新进展。问题涵盖最新制定的生态环境立法,包括2022年6月生效实施的《中华人民共和国噪声污染防治法》《中华人民共和国湿地保护法》等,提供最前沿、准确的分析与解答。

第三。优化内容体例结构。每个问题除设立“案例”“法律分析”“知识链接”等常规栏目外,特设“纠纷解决技巧”栏目,结合生态环境争议解决的实际情况,引导读者理性地看待纠纷、科学地解决纠纷。每页配有笔记区,供读者学习时做笔记使用。每个问题均配有试题,方便读者检验学习成果,增强阅读印象。同时,本书附一套测试题,用于“法律明白人”自测、任前培训、上岗考核使用。

第四,深入浅出地讲解法律问题,把法律术语转化为生活语言、群众语言，力求简洁、平易；文风精炼，详略得当，重点突出，让读者轻松读、看得懂。

普法宣传是一个长期、持续的过程，任重道远。2020 年 12 月，中共中央印发了《法治社会建设实施纲要（2020—2025 年）》，明确提出到 2025 年，“八五”普法规划实施完成，法治观念深入人心，社会领域制度规范更加健全，社会主义核心价值观要求融入法治建设和社会治理成效显著，公民、法人和其他组织合法权益得到切实保障。希望本书能为中国特色社会主义法治体系建设、乡村振兴战略实施、“法律明白人”培养、村民的权益维护发挥作用，作出应有的贡献。

全国“八五”普法学习读本编写组

2022 年 4 月

# 目录

# Contents

笔记区

## 1. 在农田可以焚烧秸秆吗?

### 案例

迎来农村丰收季,老王和家人忙得不可开交。庄稼收获后,地里还留着大量秸秆。儿子问:“爹,这些秸秆怎么办?村里好像说不让烧了。”老王说:“过去家里烧火还用土灶,现在条件都好了,做饭用电和燃气了,这些秸秆拉回家也没啥用,不烧咋办,留在地里生虫啊。”于是老王和儿子把秸秆在地里堆成几垛,准备点火焚烧。这时村干部小李来了,说:“王叔,你们这是干啥呢?李叔前天烧秸秆把地里还没收割的麦子都毁了,烧秸秆既不安全又违法,你咋还想烧?”老王疑惑地问:“小李,咱们一直都是这么种田的,秸秆烧了还能给地增肥,怎么现在还违法了?”

### 法律分析

庄稼收获后,农田里会留下大量秸秆,村民往往为了图方便一烧了事。但是农作物秸秆焚烧时会产生大量烟雾,造成严重的大气污染,危害人体健康;还会造成空气能见度下降,可见范围降低,从而容易引发交通事故,影响人身安全。因此,国家重视对秸秆焚烧现象的管控,出台相

笔记区

关法律法规，禁止露天焚烧秸秆、落叶等产生烟尘污染的物质。若村民在禁烧区焚烧农作物秸秆，便属于违法行为，会受到监管部门的处罚。此外，焚烧秸秆还容易引燃周围的易燃物，导致火灾事故，威胁群众的生命财产安全。案例中，李叔烧秸秆的同时不慎将未收割的麦子引燃，既触犯了法律，又损失了自己的麦田。在邻近山林或民居处，一旦焚烧秸秆引发大火，后果不堪设想，村民还可能因为焚烧行为面临牢狱之灾。所以焚烧秸秆并不是一件小事，而是一种违法行为，具有严重后果。生活中不能心存侥幸，不听劝阻私自焚烧，否则不仅没能给土地增肥，还会危害生命财产安全。

**知识链接**

**《中华人民共和国大气污染防治法》**

**第七十六条** 各级人民政府及其农业行政等有关部门应当鼓励和支持采用先进适用技术，对秸秆、落叶等进行肥料化、饲料化、能源化、工业原料化、食用菌基料化等综合利用，加大对秸秆还田、收集一体化农业机械的财政补贴力度。

县级人民政府应当组织建立秸秆收集、贮存、运输和综合利用服务体系，采用财政补贴等措施支持农村集体经济组织、农民专业合作经济组织、企业等开展秸秆收集、贮

笔记区

存、运输和综合利用服务。

**第七十七条** 省、自治区、直辖市人民政府应当划定区域,禁止露天焚烧秸秆、落叶等产生烟尘污染的物质。

**第一百一十九条第一款** 违反本法规定,在人口集中地区对树木、花草喷洒剧毒、高毒农药,或者露天焚烧秸秆、落叶等产生烟尘污染的物质的,由县级以上地方人民政府确定的监督管理部门责令改正,并可以处五百元以上二千元以下的罚款。

## 纠纷解决技巧

秸秆焚烧是传统的秸秆处理方式,会对环境产生极大的危害,更有甚者会引发火灾事故,给人民群众的生命安全和财产安全带来威胁。治理秸秆焚烧,除依法进行管控、严格执法外,还需要在农村加强对秸秆焚烧危害、相关法律知识的宣传,增进农户对禁止焚烧秸秆的理解和遵法守法意识。同时,依据《中华人民共和国大气污染防治法》第 76 条的规定,各级人民政府及有关部门应该鼓励和支持对秸秆综合利用技术的研发,从源头上帮助农户有效处理秸秆,化解潜在的纠纷与争议。

笔记区

**试题**

下列关于秸秆焚烧的说法不正确的是(　　)。[1]

A. 监管部门可以对村民焚烧秸秆的行为进行罚款

B. 秸秆焚烧容易引发火灾

C. 地里处理不完的少部分秸秆可以焚烧

D. 秸秆焚烧产生的烟雾危害人体健康

---

① 答案:C。

笔记区

## ▶ 2. 农用薄膜等塑料制品可以直接烧毁吗?

### 案例

在农村,地膜是个“宝”,可以保温、保水、保土,提升农作物的产量。老王是村里的“菜王”,在春季育苗时,也给家里大面积的菜地铺上了地膜,可等到揭膜时,老王却犯了愁:家里劳力不够,大量的塑料薄膜如何处理成了难题。老王想:直接在地里一把火烧了,简单省事!于是等到傍晚,老王在地里开始焚烧废弃的地膜。这时,村干部小李来了,“王叔,赶紧把火灭了!在村里烧地膜是违法的,您不能这样做”。老王边扑火边说:“小李,我就是烧点地膜,怎么还违法了?”

### 法律分析

焚烧地膜会产生有毒有害气体,造成空气污染,危害人体健康。而且燃烧残留物会破坏土壤结构、影响土壤肥力,造成水污染和土壤污染,不利于农作物生长。在房前、屋后焚烧地膜还可能引发火灾,威胁群众的生命财产安全。因此,国家法律禁止在人口集中区焚烧地膜等塑料制品,鼓励村民按照政府规定的方式回收、无害化处理农用地膜。焚烧地膜是不理智的行为,同时也违反了国家法律

笔记区

的规定，不仅害处多，还增加了农业发展的污染风险，村民图一时方便焚烧地膜，实在是得不偿失。

### 知识链接

**《中华人民共和国大气污染防治法》第八十二条第一款** 禁止在人口集中地区和其他依法需要特殊保护的区域内焚烧沥青、油毡、橡胶、塑料、皮革、垃圾以及其他产生有毒有害烟尘和恶臭气体的物质。

**《中华人民共和国土壤污染防治法》第八十八条** 违反本法规定，农业投入品生产者、销售者、使用者未按照规定及时回收肥料等农业投入品的包装废弃物或者农用薄膜，或者未按照规定及时回收农药包装废弃物交由专门的机构或者组织进行无害化处理的，由地方人民政府农业农村主管部门责令改正，处一万元以上十万元以下的罚款；农业投入品使用者为个人的，可以处二百元以上二千元以下的罚款。

**农业农村部、工业和信息化部、生态环境部等四部门《农用薄膜管理办法》**

**第十五条** 农用薄膜使用者应当在使用期限到期前捡拾田间的非全生物降解农用薄膜废弃物，交至回收网点或回收工作者，不得随意弃置、掩埋或者焚烧。

**第二十四条** 农用薄膜生产者、销售者、使用者未按

笔记区

照规定回收农用薄膜的,依照《中华人民共和国土壤污染防治法》第八十八条规定处罚。

### 纠纷解决技巧

地膜是重要的农业生产工具,在增加农作物产量、提高作物品质方面发挥重要作用。但长期以来,农村重使用、轻回收的现象,导致地膜污染成为环境治理的难题。为了推动农业绿色、可持续发展,各级政府应当按照国家法律规定,做好防治监管、普法宣传工作,从源头上为农民提供环境友好型农用薄膜,建立便捷的农用薄膜回收体系,加强对农民的环保知识宣传和法律普及,使农民掌握更多的绿色生产知识,增强守法意识。

### 试题

农作物收获后,废弃的农用地膜应该怎样处理?( )①

A. 就地焚烧

B. 直接翻耕到农田里

C. 弃置在田头或者沟渠里

D. 按照政府规定回收到指定地点处理

---

① 答案:D。

笔记区

### 3. 汽车需要每年进行环保检测吗?

**案例**

小王是村里最早买汽车的一批人,平日里村民有什么要捎带的,都会找他帮忙。也正因如此,小王特别爱护自己的车,每年该做的检查一次没落过。但近年来,小王发现车检完之后,已经不用再去领取车辆的环保标志了,于是他开始想:这是不是说明对车辆已经没有环保要求了?以后也不需要对汽车进行环保检测了?

**法律分析**

汽车尾气是大气污染的重要来源之一,为防治机动车尾气污染,持续改善大气环境质量。近年来,国家出台了一系列更加严格的标准,如严控污染物排放的限值、增加对车载诊断系统(OBD)的检查等。因此,对车辆的环保要求不仅没有下降,反而在持续上升。而之所以不再核发车辆的环保标志,是因为在互联网及大数据的帮助下,机动车排放检验机构、公安交管部门、环保部门已经完成了数据的共享联通。机动车排放检验机构,将排放检验数据和电子检验报告上传环保部门,并出具由环保部门统一编码的排放检验报告即可。同时,公安交管部门对无定期排放

笔记区

检验合格报告的机动车,不予核发安全技术检验合格标志。因此,虽然取消了环保标志,车辆年检仍要通过环保检测的,如果车辆的环保检测不合格,仍旧是不予核发年检合格标志的。

**知识链接**

**《中华人民共和国大气污染防治法》第五十三条** 在用机动车应当按照国家或者地方的有关规定,由机动车排放检验机构定期对其进行排放检验。经检验合格的,方可上道路行驶。未经检验合格的,公安机关交通管理部门不得核发安全技术检验合格标志。

县级以上地方人民政府生态环境主管部门可以在机动车集中停放地、维修地对在用机动车的大气污染物排放状况进行监督抽测;在不影响正常通行的情况下,可以通过遥感监测等技术手段对在道路上行驶的机动车的大气污染物排放状况进行监督抽测,公安机关交通管理部门予以配合。

**原环境保护部、公安部、国家认证认可监督管理委员会《关于进一步规范排放检验加强机动车环境监督管理工作的通知》第二条第一项** 严格执行机动车排放检验制度。环境保护部门依照《大气法》建立并规范机动车排放检验制度,机动车生产企业和机动车所有人应当依法进行

笔记区

机动车排放检验。机动车排放检验机构应当严格落实机动车排放检验标准要求,并将排放检验数据和电子检验报告上传环保部门,出具由环保部门统一编码的排放检验报告。环保部门不再核发机动车环保检验合格标志。机动车安全技术检验机构将排放检验合格报告拍照后,通过机动车安全技术检验监管系统上传公安交管部门,对未经定期排放检验合格的机动车,不予出具安全技术检验合格证明。公安交管部门对无定期排放检验合格报告的机动车,不予核发安全技术检验合格标志。

### 纠纷解决技巧

在大数据的帮助下,许多环保检查结果均已实现电子化、数据化。机动车主不再需要单独领取环保检验合格标志,为车主的生活带来了便利,但绝不能因此就认为国家放松了对汽车环保的要求。平日里,机动车主可多观察汽车的烧油情况、排气管的固定情况等,一旦发现异常,就及时检修,以免无法通过环保检验。

## 试题

笔记区

下列关于机动车环保检测,说法不正确的一项是(　　)。[①]

A. 机动车的尾气是大气污染的重要来源,因此对机动车进行环保检测十分必要

B. 由于国家出台的新规定中,机动车主不再需要领取车辆环保标志,因此机动车主也不需要对车辆进行环保检测

C. 公安交管部门对无定期排放检验合格报告的机动车,不予核发安全技术检验合格标志

D. 机动车检验时,机动车排放检验机构将排放检验数据和电子检验报告上传环保部门,并出具由环保部门统一编码的排放检验报告

---

① 答案:B。

笔记区

## ▶ 4. 冬天可以烧煤取暖吗?

### 案例

天气转冷,天气预报还显示明天部分时段会有强降雪。由于自家房子还没改装"气代煤",老王打算从明天开始就烧煤取暖,扛过这个冬天。但电视上恰好在播放某地区一村民因烧煤取暖被罚款批评的新闻。老王顿时陷入了两难:明天是烧煤还是不烧?

### 法律分析

"少用煤"是环保要求,可"取暖"是生活需求,两种需求之间的矛盾让很多村民备受困扰。《中华人民共和国大气污染防治法》中明确规定,要逐渐推广清洁能源的使用。随着"煤改气"的持续推进,蓝天越来越多,空气质量也越来越好,但有些地方为追求短期效果,盲目"一刀切",推行了大量"禁煤"政策,在不计工程难度、工期的情况下,盲目开展"煤改气"活动,造成了"气荒"以及农民冬天受冻的现象。为此,国务院总理李克强在国务院常务会议中指出,"坚持从实际出发,宜电则电、宜气则气、宜煤则煤、宜热则热,确保北方地区群众安全取暖过冬"。但这也并不表示冬天可以随意用煤,根据国家发展改革委、国家能源局、财政部等十部委印发的《北方地区冬季清洁取暖规划（2017—2021年）》，散煤在使用过程中严重污染环境，而且质量无保证，很容易出现花钱不少，采暖不强，还污染环境的情况。因此，虽然可以烧煤取暖，但是不能使用劣质散煤，而必须使用洁净型煤，这是对我们的生存环境负责，也是对我们的健康负责。

笔记区

## 知识链接

**《中华人民共和国大气污染防治法》第三十二条** 国务院有关部门和地方各级人民政府应当采取措施，调整能源结构，推广清洁能源的生产和使用；优化煤炭使用方式，推广煤炭清洁高效利用，逐步降低煤炭在一次能源消费中的比重，减少煤炭生产、使用、转化过程中的大气污染物排放。

**财政部、生态环境部、住房城乡建设部等四部门《关于扩大中央财政支持北方地区冬季清洁取暖城市试点的通知》** ……二是要坚持实事求是。要认真汲取去冬今春天然气供应紧张、一些地方盲目扩大"煤改气"实施规模、影响部分群众冬季取暖的教训……在符合清洁利用标准的基础上，立足本地资源禀赋、经济实力、基础设施、居民消费能力等条件，统筹利用天然气、电、地热、生物质、太阳能、工业余热等各类清洁化能源，宜电则电、宜气则气、宜

笔记区

煤则煤、宜油则油、宜热则热，“以气定改”，“先立后破”，多措并举推进北方地区冬季清洁取暖。

### 纠纷解决技巧

散煤燃烧是雾霾形成的重要原因，是治理大气污染需要重点管控的突出问题。为了让村民意识到外观上和洁净型煤没有什么区别的散煤的危害，村领导干部应多注意宣传教育，从环保弊端及使用缺点两方面入手，让村民从观念上自觉淘汰散煤。冬天可以烧煤取暖，但是条件限制为必须使用清洁型煤，相关部门会对使用劣质散煤的情况进行依法依规查处，可能伴随罚款等处罚。因此，碰到燃烧散煤的村民，应当及时劝阻，说明法律后果，并可同时提供清洁型煤的购买渠道，抑或全村统一采购，按户分发。

### 试题

下列关于燃煤取暖，说法不正确的一项是(　　)。①

A. 燃煤污染是雾霾形成的重要原因，因此，我们要对一切燃煤行为说“不”，对于冬天烧煤取暖的行为，必须严惩不贷

B. 许多地区没有“煤改气”的条件，因此不能对煤炭燃

① 答案：A。

笔记区

烧简单“一刀切”,保护人民不受冻也是政府的重要工作

C. 劣质散煤较清洁型煤污染严重,且供暖效果差,应禁止对劣质散煤的燃烧

D. 能源的使用应从实际出发,宜电则电、宜气则气、宜煤则煤、宜热则热

笔记区

## 5. 附近餐馆油烟污染重可以投诉吗?

### 案例

小张上个月刚刚乔迁新居。新小区环境优美,安静舒适,但小张却有个烦心事。他家公寓所在楼的一层正好是小区的底商,开了好几家餐馆,可这些餐馆却没有安装油烟净化设施和专用的烟道。每天,油烟顺着管道排到小区里,让小张的新房处处弥漫着呛人的气味。不出一个月,这无处不在的怪味就让小张头昏脑涨,夜不能寐,可他又该如何反映不知道自己的问题。这天,同事小李到小张家探望,看见小张愁眉苦脸,连连叹息,对他说:“这些饭店排放油烟的行为已经违法了。你可以去有关部门投诉呀。”在小李的帮助下,小张向有关部门反映了油烟污染问题。整改之后,他终于可以安心享受新居里的生活了。

### 法律分析

为满足人们对美食的追求,便利大家的生活,很多小区、公寓周边都建起了餐馆,但油烟污染问题也随之而来,对居民们造成困扰。根据《中华人民共和国大气污染防治法》,排放油烟的餐馆,应当安装油烟净化设施并保持正常使用,或者采用其他油烟净化措施,使油烟达标排放,并且

笔记区

需要防止污染附近居民的生活环境。法律同时规定，居民住宅楼、没有配套设立专业烟道的商住综合楼内不能新建、改建、扩建产生油烟的餐饮服务项目，符合标准的商住综合楼也不能在和居住层相邻的商业楼层新建、改建、扩建排放油烟的餐馆。一旦有经营者违反法律规定排放油烟，应由县级以上人民政府确定的监管部门负责责令改正，处以罚款；拒不改正的责令停业整治。本案中，小张家楼下的餐馆建在未安装专业烟道的商住综合楼里，并且没有油烟净化设施，向小区排污，违反了上述法律规定。油烟也会造成污染，超标排放会严重影响居民的生活环境。遇到油烟污染问题，要向相应的监管部门投诉，用法律手段保护自己。

## 知识链接

**《中华人民共和国大气污染防治法》**

**第八十一条** 排放油烟的餐饮服务业经营者应当安装油烟净化设施并保持正常使用，或者采取其他油烟净化措施，使油烟达标排放，并防止对附近居民的正常生活环境造成污染。

禁止在居民住宅楼、未配套设立专用烟道的商住综合楼以及商住综合楼内与居住层相邻的商业楼层内新建、改建、扩建产生油烟、异味、废气的餐饮服务项目。

笔记区

任何单位和个人不得在当地人民政府禁止的区域内露天烧烤食品或者为露天烧烤食品提供场地。

**第一百一十八条** 违反本法规定,排放油烟的餐饮服务业经营者未安装油烟净化设施、不正常使用油烟净化设施或者未采取其他油烟净化措施,超过排放标准排放油烟的,由县级以上地方人民政府确定的监督管理部门责令改正,处五千元以上五万元以下的罚款;拒不改正的,责令停业整治。

违反本法规定,在居民住宅楼、未配套设立专用烟道的商住综合楼、商住综合楼内与居住层相邻的商业楼层内新建、改建、扩建产生油烟、异味、废气的餐饮服务项目的,由县级以上地方人民政府确定的监督管理部门责令改正;拒不改正的,予以关闭,并处一万元以上十万元以下的罚款。

违反本法规定,在当地人民政府禁止的时段和区域内露天烧烤食品或者为露天烧烤食品提供场地的,由县级以上地方人民政府确定的监督管理部门责令改正,没收烧烤工具和违法所得,并处五百元以上二万元以下的罚款。

## 纠纷解决技巧

对居民来说,遇到油烟污染问题需要善用法律解决,通过合法手段维护自身权益。《中华人民共和国大气污染防治法》规定,油烟污染的监督管理部门由县级以上人民政府确定。因此,“法律明白人”可以查阅所在地的地方性法规、地方政府规章的相关内容,告知大家如果遇到相关问题应该向哪一个部门投诉。餐饮服务经营者也需要注意自身行为,主动设置油烟净化设备,最大限度地减少油烟排放对周边居民的影响。地方政府应当加强监管,在餐馆建设前通过审查环评文件等方式预先防范可能发生的油烟污染;一旦接到违法排放油烟的线索,需要立即处理,严格执法,保障居民生活环境的清洁安宁。

笔记区

**试题**

对于餐饮服务业排放油烟,下列说法正确的是(　　)。[①]

A. 糕点店的油烟香气宜人,可以不加处理进行排放

B. 烧烤店可以在室外摆摊,不使用油烟净化设备

C. 没有专用烟道的小区底商也可以建产生油烟的饭店

D. 餐馆应当安装油烟净化设施并保持正常使用

① 答案:D。

笔记区

## 6. 渣土车在运输过程中造成扬尘污染违法吗？

### 案例

老王是一家建筑工地的渣土车运输司机，平日里，为节省时间，争取更多的运输次数，在运输渣土前，他从不将带泥带沙的车辆清洗干净，也不会对运输的渣土采取严密的遮盖措施。这天上路时，他被执法大队截停，并被要求缴纳罚款，他心想，不就是撒了点渣土吗，至于处罚得这么严厉吗？

### 法律分析

扬尘不仅会污染空气，影响环境，而且对人体的危害极大，容易使人患肺癌、支气管炎等疾病，渣土车的“滴洒漏”现象正是造成扬尘污染的主要原因之一。因此，《中华人民共和国大气污染防治法》明确规定，运输渣土的车辆应当采取密闭或者其他措施，防止物料遗撒造成扬尘污染。

日常生活中，个别渣土车司机往往心存侥幸，认为管理部门查不到自己头上，放任渣土在道路上洒漏。但在国务院《打赢蓝天保卫战三年行动计划》的指引下，各地执法部门都在对重要路段和在建工地开展运输工作的渣土车

笔记区

进行检查，专项治理活动不断增加。因此，渣土车司机切勿存有侥幸心理，将该做的防范行为都做全，既是帮助自己免受惩罚，也为防治大气污染贡献了一份力量。

### 知识链接

**《中华人民共和国大气污染防治法》第七十条** 运输煤炭、垃圾、渣土、砂石、土方、灰浆等散装、流体物料的车辆应当采取密闭或者其他措施防止物料遗撒造成扬尘污染，并按照规定路线行驶。

装卸物料应当采取密闭或者喷淋等方式防治扬尘污染。

城市人民政府应当加强道路、广场、停车场和其他公共场所的清扫保洁管理，推行清洁动力机械化清扫等低尘作业方式，防治扬尘污染。

**国务院《打赢蓝天保卫战三年行动计划》第二十条** 加强扬尘综合治理。严格施工扬尘监管。2018 年底前，各地建立施工工地管理清单。因地制宜稳步发展装配式建筑。将施工工地扬尘污染防治纳入文明施工管理范畴，建立扬尘控制责任制度，扬尘治理费用列入工程造价。重点区域建筑施工工地要做到工地周边围挡、物料堆放覆盖、土方开挖湿法作业、路面硬化、出入车辆清洗、渣土车辆密闭运输“六个百分之百”，安装在线监测和视频监控设备，

笔记区

并与当地有关主管部门联网。将扬尘管理工作不到位的不良信息纳入建筑市场信用管理体系，情节严重的，列入建筑市场主体“黑名单”。加强道路扬尘综合整治。大力推进道路清扫保洁机械化作业，提高道路机械化清扫率，2020年底前，地级及以上城市建成区达到70%以上，县城达到60%以上，重点区域要显著提高。严格渣土运输车辆规范化管理，渣土运输车要密闭。（住房城乡建设部牵头，生态环境部参与）

实施重点区域降尘考核。京津冀及周边地区、汾渭平原各市平均降尘量不得高于9吨/月·平方公里；长三角地区不得高于5吨/月·平方公里，其中苏北、皖北不得高于7吨/月·平方公里。（生态环境部负责）

### 纠纷解决技巧

为了改善渣土扬尘污染，创建绿色、文明的人居环境，各地对于渣土车的管理都在不断提高。因此，平常可通过一些发放宣传册的方式，对渣土车运输企业、驾驶员进行宣传教育，并告知可能发生的处罚结果，提高从业人员的守法运营意识。

## 6. 渣土车在运输过程中造成扬尘污染违法吗?

### 试题

笔记区

下列关于渣土车运输,说法不正确的一项是(　　)。①

A. 渣土车辆未密闭运输,造成扬尘污染,应当处罚

B. 渣土车的“滴洒漏”现象是造成扬尘污染的主要原因之一,因此需要对渣土车的运输进行严格管控

C. 渣土车司机在出入施工工地时应当注意清洗车辆,运输过程应做到车辆密闭

D. 渣土遗撒只会影响市容市貌,并无其他危害

① 答案:D。

笔记区

## 7. 废旧塑料加工厂会污染环境吗?

### 案例

一座新建的废旧塑料加工厂位于王家村,厂房离周边民居很近。每天,工厂将回收来的废塑料加热融化,制成塑料颗粒,再出售给塑料生产企业;一些塑料废料则直接焚烧处理。工厂老板宣称,自己做的是废物利用的工作,十分环保,是利国利民的好事。不过,只要这座加工厂一开工,未经净化处理便排出的刺鼻烟雾就会笼罩整个王家村,让村民不敢出门,不敢开窗,生活受到了极大的困扰。很多人还因为吸入了这种废气,产生了严重的健康问题。为了解决加工厂废气污染的问题,村干部小王查阅相关法律规范,发现废旧塑料加工厂的行为不但已经违反法律,还可能涉嫌犯罪。他立刻向有关部门举报,最终,执法人员关停了违法加工厂,王家村恢复了往日的安宁。

### 法律分析

通过对废旧塑料加工,可以将其转化为可以利用的物质或资源,有利于节约资源、保护环境。但是废旧塑料加工业是一种高污染的行业,加工过程中产生的有毒有害废气、废水等如果违法排放,会严重污染环境,损害附近居民

笔记区

身心健康。因此,我国制定了相关法律规范和技术标准,从工厂选址、加工技术选用等方面对这一产业进行规范。在案例中,废旧塑料加工厂建在村中,周边都是民居,工厂焚烧塑料废料的行为已经违反了《中华人民共和国大气污染防治法》中关于禁止在人口集中地区焚烧塑料的规定。废气未经净化处理,也没有履行《中华人民共和国环境保护法》第 42 条中排污企业防治废气污染的义务。此外,这种违法加工厂还可能造成废水、噪音、固体废弃物等其他污染。并且,本案中,工厂排放的废气导致大量村民产生健康问题,已经涉嫌构成《中华人民共和国刑法》中的污染环境罪,工厂经营者可能被追究刑事责任。

## 知识链接

**《中华人民共和国大气污染防治法》第八十二条第一款** 禁止在人口集中地区和其他依法需要特殊保护的区域内焚烧沥青、油毡、橡胶、塑料、皮革、垃圾以及其他产生有毒有害烟尘和恶臭气体的物质。

**《中华人民共和国环境保护法》第四十二条第一款** 排放污染物的企业事业单位和其他生产经营者,应当采取措施,防治在生产建设或者其他活动中产生的废气、废水、废渣、医疗废物、粉尘、恶臭气体、放射性物质以及噪声、振动、光辐射、电磁辐射等对环境的污染和危害。

笔记区

**《中华人民共和国刑法》第三百三十八条第一款** 违反国家规定,排放、倾倒或者处置有放射性的废物、含传染病病原体的废物、有毒物质或者其他有害物质,严重污染环境的,处三年以下有期徒刑或者拘役,并处或者单处罚金;情节严重的,处三年以上七年以下有期徒刑,并处罚金;有下列情形之一的,处七年以上有期徒刑,并处罚金……(四)致使多人重伤、严重疾病,或者致人严重残疾、死亡的。

## 纠纷解决技巧

一旦遇到违法企业违法违规、超标排污的情形,要善于运用法律手段捍卫自己的权利。有时,一些工厂会用表面上“回收利用”“保护环境”的行为做幌子,掩盖自身污染环境的事实。因此,“法律明白人”要多向邻里乡亲普及污染防治相关知识,让大家能够分辨环境违法行为。如果发现企业违法排污,要立即向有关部门举报,为执法者提供违法线索。政府也应当加强监管,定期排查辖区内“小、散、乱、污”企业,打击违法排污行为。同时,也要鼓励企业采用清洁生产技术,使环境保护和经济发展协同并进,真正将“绿水青山就是金山银山”理念内化于心,外化于行。

**试题**

笔记区

对使用过的塑料日用品,下列处理方式正确的是(　　)。[1]

A. 在自家院子里焚烧

B. 卖给没有经营资质的废塑料加工作坊

C. 直接丢弃在地里、河里

D. 通过合法回收途径送至专业处理厂集中处理

① 答案:D。

笔记区

## 8. 建筑垃圾可以随意堆放吗?

### 案例

某县综合执法局在巡查时,接到村民举报称有人在村南乡道旁边倾倒砖瓦、废旧木板等垃圾。执法工作人员迅速到现场勘察、取证,随后找到当事车辆及车主李某,并对其进行调查处理。李某承认因家中装修,自己为省些垃圾处理费用,便自行将房屋拆除的部分建筑垃圾,从县里运到附近村口道路旁丢弃。执法工作人员对李某进行了严肃的批评教育,并依据有关法律法规及规章,责令李某清运乱倒的建筑垃圾,对其作出警告并罚款200元。

### 法律分析

县城房屋装修、农村住宅翻建等过程会产生大量的建筑垃圾,随意丢弃、堆放建筑垃圾会破坏城市和乡村的环境容貌。并且,在环境与微生物的共同作用下,会产生有害气体,造成空气污染;在建筑垃圾堆放过程中,有害物质会随着渗液进入土壤,造成周围地表水和地下水的污染;同时,随意堆放的建筑垃圾,存在一定的安全隐患,堆放过高的建筑垃圾由于日晒雨淋存在崩塌隐患,对周边居民的人身安全存在威胁。因此,国家法律对建筑垃圾的收集、

笔记区

贮存、运输、利用和处置等环节进行了规定,禁止任何单位和个人随意倾倒、堆放建筑垃圾。本案中的李某应当将装修房屋中产生的建筑垃圾和生活垃圾分别收集,并按照当地政府规定,堆放到指定地点,不能为了省钱,冒着违法风险随意堆放垃圾。

## 知识链接

**原建设部《城市建筑垃圾管理规定》**

**第十一条** 居民应当将装饰装修房屋过程中产生的建筑垃圾与生活垃圾分别收集,并堆放到指定地点。建筑垃圾中转站的设置应当方便居民。

装饰装修施工单位应当按照城市人民政府市容环境卫生主管部门的有关规定处置建筑垃圾。

**第二十六条** 任何单位和个人随意倾倒、抛撒或者堆放建筑垃圾的,由城市人民政府市容环境卫生主管部门责令限期改正,给予警告,并对单位处5000元以上5万元以下罚款,对个人处200元以下罚款。

**《中华人民共和国固体废物污染环境防治法》第二十条** 产生、收集、贮存、运输、利用、处置固体废物的单位和其他生产经营者,应当采取防扬散、防流失、防渗漏或者其他防止污染环境的措施,不得擅自倾倒、堆放、丢弃、遗撒固体废物。

笔记区

禁止任何单位或者个人向江河、湖泊、运河、渠道、水库及其最高水位线以下的滩地和岸坡以及法律法规规定的其他地点倾倒、堆放、贮存固体废物。

## 纠纷解决技巧

县城农村房屋装修和住宅建设工程日益增多,在此过程中也会产生大量建筑垃圾,部分居民环保和法律意识不强,往往私下将部分建筑垃圾运往周边村道、荒地随意堆放。建筑垃圾被随意堆放在农村道路甚至河湖农田附近,不仅影响环境容貌,还会给居民交通出行、农业生产带来安全威胁。按照法律规定,政府应当健全城乡一体化垃圾处理体系,加强对垃圾处理知识和法律法规的宣传,提升居民收集、处理垃圾的能力。

## 试题

以下关于建筑垃圾处理的选项正确的是(　　)。[①]

A. 堆在空地上

B. 倒到水库边

C. 堆放到指定建筑垃圾回收地点

D. 堆放到村道旁

① 答案:C。

笔记区

## ▶ 9. 可以在生活垃圾池丢工业废料吗?

### 案例

小王从某化工大学毕业后,回到村里,和父亲老王一起兴办了一家化工厂。刚开工两天不到的时间,工厂就堆积了许多工业废料,爱干净的老王便决定收拾收拾,把没用的垃圾都给扔了。可当他带着一堆工业垃圾来到平时扔垃圾的垃圾池时,却被村主任拦住了。村主任告诉老王,这是生活垃圾池,不可以投放工业垃圾。老王心想,都是垃圾,怎么还区分得这么细致?这些工业垃圾又该扔到什么地方呢?

### 法律分析

生活中我们常叫的"垃圾",在法律上有专业学名——固体废物。根据《中华人民共和国固体废物污染环境防治法》的规定,一旦某物品在生产生活中丧失了其原有的价值或者是被抛弃,均会成为固体废物。固体废物可分为工业固体废物、生活垃圾、建筑垃圾、农业固体废物、危险废物等。每种固体废物均有其专门的处理方法,不可混合处理。《中华人民共和国固体废物污染环境防治法》更是设有专门条款,禁止向生活垃圾收集设施中投放工业固体废

笔记区

物。但在日常生活中，许多工厂的环保意识没跟上，仍将工业废料掺入生活垃圾之中，直接投放进生活垃圾池，而根据《中华人民共和国固体废物污染环境防治法》的规定，擅自倾倒工业固体废物的行为，将受到法律的严惩，处以处置工业废物费用1倍以上3倍以下的罚款。为避免法律惩处，工厂负责人一定要严格分类，分开投放。

### 知识链接

**《中华人民共和国固体废物污染环境防治法》第三十六条** 产生工业固体废物的单位应当建立健全工业固体废物产生、收集、贮存、运输、利用、处置全过程的污染环境防治责任制度，建立工业固体废物管理台账，如实记录产生工业固体废物的种类、数量、流向、贮存、利用、处置等信息，实现工业固体废物可追溯、可查询，并采取防治工业固体废物污染环境的措施。

禁止向生活垃圾收集设施中投放工业固体废物。

### 纠纷解决技巧

工业固体废物需遵守“减量化、资源化、无害化”的“三化”原则，将工业固体废物直接投放到生活垃圾池中，不仅影响后续对垃圾的资源化处理，也可能对村民生活带来健康风险。因此，一定要提醒各工厂将工业垃圾投入专门的工业垃圾池中。若村内没有专门的工业垃圾池，可委托专业的工业垃圾清运机构进行协助。

笔记区

### 试题

下列有关工业废料(废物)的说法,不正确的一项是( )。[1]

A. 工业固体废物是固体废物的一种,除此之外,还有生活垃圾、农业固体废物等类别

B. 工业废料危害不大,可直接投放进生活垃圾池中,混合处理

C. 对工业废料的处理,应遵循"减量化、资源化、无害化"的"三化"原则

D. 违反法律的废料处理行为,行为人可能会面临巨额罚款

① 答案:B。

笔记区

## ▶ 10. 用剩的农药瓶等有毒物品应该扔到哪里?

### 案例

村里的几块农田一直在闹病虫害,村民苦不堪言。为了不影响今年村庄农作物的收成,老王买回来了许多农药,并挨家挨户进行分发。村民也立刻来到庄稼地里给农作物打药,但第二天,老王在去农田的路上,发现到处都是村民们随手丢弃的农药瓶、塑料包装袋。老王对此非常担忧,这要是哪家顽皮孩子不知道这是农药,恰巧捡了个还有剩余的瓶子,误食里面的农药可怎么办?于是,他决定赶紧召集村民,号召大家不要乱扔农药瓶,但在这之前,他得解决一个棘手的问题,不让大家扔在路边,那应该让大家扔去哪里呢?

### 法律分析

随着农业技术的进步和发展,农药成为农业活动中必不可缺的一项产品。我国既是农药生产大国,也是农药使用大国。农药使用后,大量的废弃包装物被农民随手丢弃在田间地头,但这些盛药的空瓶、空桶、空箱及其他包装品上,一般都沾上了农药,如果不对它们加强控制与管理,不仅会对村民的健康造成潜在的危害,同时也会造成地表水污染、土壤污染等环境污染。为此,在《中华人民共和国固体废物污染环境防治法》与国务院《农药管理条例》中,对农药生产经营者和农药使用者的行为规范作出了具体的规定。农药生产经营者负有对农药包装废弃物回收的处理义务,而农药使用者不得随意丢弃农药包装。一旦违反这些规定,轻者要承担行政、民事责任,重者则可能受到刑事制裁。

笔记区

## 知识链接

**《中华人民共和国固体废物污染环境防治法》第六十五条第一款** 产生秸秆、废弃农用薄膜、农药包装废弃物等农业固体废物的单位和其他生产经营者,应当采取回收利用和其他防止污染环境的措施。

**国务院《农药管理条例》**

**第三十五条** 农药使用者应当保护环境,保护有益生物和珍稀物种,不得在饮用水水源保护区、河道内丢弃农药、农药包装物或者清洗施药器械。

严禁在饮用水水源保护区内使用农药,严禁使用农药毒鱼、虾、鸟、兽等。

**第三十七条** 国家鼓励农药使用者妥善收集农药包装物等废弃物;农药生产企业、农药经营者应当回收农药废弃物,防止农药污染环境和农药中毒事故的发生。具体办法由国务院环境保护主管部门会同国务院农业主管部门、国务院财政部门等部门制定。

笔记区

## 纠纷解决技巧

许多农民还认识不到农药包装物污染的危害性，意识到的农民也可能因为多年来养成的不良习惯继续随意扔弃农药空瓶。因此，一方面，要加强宣传教育，大力宣传用药后的环保意识，不要随意丢弃农药包装，尤其是剧毒，高毒的玻璃瓶；另一方面，村内要设立专门的统一回收点，地点可以选在打药比较集中的井旁、坑边等，使农民在打药完成后，就可以方便地找到丢弃农药瓶的地方。

## 试题

下列有关用剩的农药瓶等有毒物品的说法，不正确的一项是（　　）。[①]

A. 直接将用剩的农药瓶随意丢弃在田间地头、水渠旁，将造成大量的污染

B. 根据国务院《农药管理条例》的规定，农药生产经营者负有对农药包装废弃物回收的处理义务

C. 不得随意丢弃农药包装，尤其是不得在饮用水水源保护区、河道内丢弃

D. 随意扔农药瓶的行为已经司空见惯，对这种行为没法管也没得管

① 答案：D。

笔记区

## 11. 没有分类投放生活垃圾会被处罚吗?

### 案例

老王发现最近村里的垃圾桶全都来了个“大革新”,与之前的全黑垃圾桶相比,现在村里出现的这几个新垃圾桶,颜色各异,而且上面还标注了不同的字样——厨余垃圾、可回收物、有害垃圾、其他垃圾。其他村民也在垃圾桶边议论纷纷:“不会以后真的要按照类别扔垃圾吧?”“这以后扔垃圾都要动脑筋了,不然全要给扔错了!”“还是像以前一样扔在一起也没关系吧,总不会真的派人来检查处罚?”

### 法律分析

对生活垃圾实行垃圾分类,是环境质量改善的重要举措。垃圾分类后,可以把可回收的垃圾循环利用,有害垃圾单独处理,厨余垃圾做成化肥,大量减少垃圾填埋量,保护环境。为此,《中华人民共和国固体废物污染环境防治法》就要求县级以上地方人民政府加快建立分类投放、分类收集、分类运输、分类处理的生活垃圾管理系统,实现生活垃圾分类制度的有效覆盖。2019 年 7 月,被称为“史上最严”垃圾分类措施的《上海市生活垃圾管理条例》正式实

笔记区

施，条例中规定对不进行垃圾分类的个人，由城管执法部门责令立即改正，拒不改正的，处50元以上200元以下罚款。自此，垃圾分类管理、严格处罚的风潮在全国范围内开始流行，北京、西安、重庆、南昌等地先后出台地方垃圾管理条例，对垃圾分类作出强制规定，也同步规定了罚款措施。虽然目前农村地区还未有相关规定出台，但伴随这股“垃圾分类管理之风”的流行，全国范围内的普及只是时间问题。

**知识链接**

**《中华人民共和国固体废物污染环境防治法》第四十三条** 县级以上地方人民政府应当加快建立分类投放、分类收集、分类运输、分类处理的生活垃圾管理系统，实现生活垃圾分类制度有效覆盖。

县级以上地方人民政府应当建立生活垃圾分类工作协调机制，加强和统筹生活垃圾分类管理能力建设。

各级人民政府及其有关部门应当组织开展生活垃圾分类宣传，教育引导公众养成生活垃圾分类习惯，督促和指导生活垃圾分类工作。

**《上海市生活垃圾管理条例》第五十七条第二款** 个人违反本条例第二十四条第一款规定，将有害垃圾与可回收物、湿垃圾、干垃圾混合投放，或者将湿垃圾与可回收物、干垃圾混合投放的,由城管执法部门责令立即改正;拒不改正的,处五十元以上二百元以下罚款。

笔记区

## 纠纷解决技巧

虽然现在农村地区还没有生活垃圾分类的条例规定,但是为了辅助垃圾处理工作,保护周边生活环境,可以先行对垃圾分类进行宣传等工作,帮助大家养成垃圾分类的习惯,以免在相关法律规定出台后,短时间内难以开展垃圾分类工作。

## 试题

下列有关生活垃圾分类的说法,不正确的一项是(　　)。①

A. 在部分城市,个人若不进行垃圾分类,将有可能被处以罚款

B. 垃圾分类的主要目的是回收有用的材料,因此在垃圾分类时,我们只需要将垃圾分为可回收物和不可回收物两类即可

C. 对生活垃圾进行分类,可以大量减少垃圾填埋量,保护环境

D.《上海市生活垃圾管理条例》的正式实施,促进了垃圾分类管理在全国范围内的推行

---

① 答案:B。

笔记区

## 12. 往河里扔生活垃圾违法吗?

### 案例

老王家离村子的生活垃圾池很远,为了图方便,他每天都把家里的厨余垃圾和卫生间垃圾偷偷丢到离家不远的河里。有村民看到后当面阻止,但老王非但不听,还责怪村民多管闲事,村民见此也只能摇头。为了避人耳目,老王此后就趁着晚上人少时丢垃圾,村里便把这个事情反映到街道综合执法中队。执法中队派人对老王进行了调查,但老王还是不肯承认有向河中丢垃圾的行为。于是执法人员调集查看了村内监控视频,发现老王多次在傍晚时分向河中倒生活垃圾。在事实面前,老王无法抵赖,只好承认。为了清理河道垃圾,村里总计花费 1000 多元。了解情况后,街道行政执法中队根据相关法律法规,对老王处以 200 元罚款,并要求其支付村里的河道清理费 1000 元。其他村民一听,纷纷感慨道:"这往河里扔垃圾,一袋就是 1200 元啊。"此后,再没有村民往河中倾倒生活垃圾。

### 法律分析

向河中倾倒生活垃圾,不仅会造成水体污染,而且会堵塞河道、抬高河床,使汛期发生河水倒灌现象。因此,在

《中华人民共和国固体废物污染环境防治法》及《中华人民共和国防洪法》中均有明确规定禁止向河中倾倒固体废物。违反法律规定倾倒垃圾的个人及单位,不仅需要支付垃圾的清理费用,还会被采取罚款等处罚措施,代价高昂。

## 知识链接

**《中华人民共和国固体废物污染环境防治法》第二十条第二款** 禁止任何单位或者个人向江河、湖泊、运河、渠道、水库及其最高水位线以下的滩地和岸坡以及法律法规规定的其他地点倾倒、堆放、贮存固体废物。

**《中华人民共和国防洪法》第二十二条第二款** 禁止在河道、湖泊管理范围内建设妨碍行洪的建筑物、构筑物,倾倒垃圾、渣土,从事影响河势稳定、危害河岸堤防安全和其他妨碍河道行洪的活动。

## 纠纷解决技巧

村民之所以会有随意往河里倾倒生活垃圾的不文明行为,是因为思想上没有形成保护水环境的意识。因此,政府、媒体需要通过长时间的教育、宣传来警醒村民,告诉他们破坏水环境的危害,以及破坏水环境将面临的处罚,提升村民的个人素质。同时,可以在河道旁安装视频监控探头。一方面,监控探头本身可以起到威慑作用;另一方面,通过这些监控探头可以及时发现、处理、收集、曝光河

笔记区

道内违法行为，直接利用图像对随意倾倒垃圾的村民进行劝导。

### 试题

村民们经常把生活垃圾倒入河里，作为“法律明白人”，以下认识正确的是(　　)。[1]

A. 往哪里扔垃圾是每个人的自由，村民们的做法完全正确，我不应干涉他们

B. 虽然不应该往河里扔垃圾，但是多一事不如少一事，我假装没看到就好

C. 村民们扔垃圾的点位过于分散，不利于河道的清理，我应在河边做上一标记，告诉大家以后都在标记处将垃圾扔进河里，便于清扫

D. 将生活垃圾倒入河里，会破坏水质，破坏水环境，应劝导大家不要有此类行为

---

① 答案：D。

笔记区

## ▶ 13. 医疗废物谁都可以处置吗?

### 案例

小王取得医师执业资格后在村里开办了诊所。因为方便,邻里乡亲每当有点头疼脑热的小病,都到他这里看病。这天,当地卫健委的工作人员前来监督检查,发现王大夫诊所的一个普通垃圾桶里混放着医生用过的口罩和医用针头。王大夫解释道,自己的诊所看的都不是大病,主要就是产生口罩、针头、纱布之类的医疗废物,所以觉得没有必要和医疗废物集中处置单位签合同,一般就把它们直接混在生活垃圾里扔了。工作人员听了,对他解释道:“按照法律规定,医疗废物不是谁都能处理的。您必须得把它们分类收集,送到集中处置单位去。”

### 法律分析

医疗废物,是医疗机构在进行诊断、治疗、护理过程中产生的废物,可能含有有毒有害的物质和病原体,一旦进入环境,会造成极大的风险。为了规范医疗废物的处置,《中华人民共和国固体废物污染环境防治法》规定,医疗卫生机构应当依法分类收集本单位所产生的医疗废

笔记区

物，并交给专门的医疗废物集中处置单位处置。国务院《医疗废物管理条例》也明确指出，从事医疗废物集中处置活动，需要取得县级以上人民政府环境保护行政主管部门的许可，持有经营许可证。因此，个人、生活垃圾处置机构都是无权处理医疗废物的。本案中，医用针头和医生用过的口罩也被列入国家卫健委《医疗废物分类目录》，属于医疗废物，处理这些垃圾需要遵守上述法律规定。案例中的王大夫，为图方便、图便宜，心存侥幸，既没有分类收集医疗垃圾，也不将它们送至集中处置单位，已经违反了法律，危及公共卫生安全。

**知识链接**

**《中华人民共和国固体废物污染环境防治法》第九十条** 医疗废物按照国家危险废物名录管理。县级以上地方人民政府应当加强医疗废物集中处置能力建设。

县级以上人民政府卫生健康、生态环境等主管部门应当在各自职责范围内加强对医疗废物收集、贮存、运输、处置的监督管理，防止危害公众健康、污染环境。

医疗卫生机构应当依法分类收集本单位产生的医疗废物，交由医疗废物集中处置单位处置。医疗废物集中处置单位应当及时收集、运输和处置医疗废物。

医疗卫生机构和医疗废物集中处置单位，应当采取有

笔记区

效措施，防止医疗废物流失、泄漏、渗漏、扩散。

**国务院《医疗废物管理条例》第二十二条** 从事医疗废物集中处置活动的单位，应当向县级以上人民政府环境保护行政主管部门申请领取经营许可证；未取得经营许可证的单位，不得从事有关医疗废物集中处置的活动。

## 纠纷解决技巧

违规处置医疗废物的情形常见于小型私人诊所。如果周围有这类诊所，"法律明白人"应当向诊所经营者普及医疗废物的危害和有关处理措施，引导经营者将废物交由合法处置单位。同时，也需要向周围人普及法律知识，号召大家共同监督诊所行为，促进诊所采用合法、规范的医疗废物处置途径。当地政府有关部门要加强对医疗机构的监督管理，一旦发现违规处置医疗废物的情形，要立即提醒经营者进行整改，防止有关行为危害公共安全、污染环境。同时，政府也有义务加强医疗废物集中处置能力建设，从而确保医疗废物能够得到及时、安全、有效的处置。

笔记区

## 试题

下列不需要按医疗废物管理的是(　　)。[1]

A. 废弃的医用针头

B. 过期或变质的药物

C. 手术中被患者血液污染的纱布

D. 日常生活中废弃的一次性医用口罩

① 答案:D。

笔记区

## ▶ 14. 回收利用涂料、燃料废物违法吗?

### 案例

小李最近刚给新居粉刷了油漆,准备将剩下的油漆和油漆桶处理掉。为此,他联系了专做废品回收生意的朋友小赵。小赵听了他的要求,马上答应第二天来把这些废物拉到自己的回收站里存起来,之后再进行处置。晚上,小李把油漆和油漆桶收拾好,看到墙角一瓶废机油,也顺手拿上摆在门边,准备等小赵过来一并带走。这时,他的妻子正好下班回家,问他打算如何处理这些废物。小李说了和小赵的约定,妻子却摇摇头说:“油漆、油漆桶和机油不仅是有害垃圾,还是危险废物,不可以回收利用,必须得是政府许可的机构才可以处理这种垃圾。小赵的回收站没有许可证,是不能帮你处理这些垃圾的。”

### 法律分析

一些生活垃圾会对人体健康或自然环境造成直接或潜在的危害,需要按照特殊的方法安全处理,这类生活垃圾便是我们常说的“有害垃圾”。《中华人民共和国固体废物污染环境防治法》规定,对于有害垃圾,要从生活垃圾中单独分类并集中收集;对于属于危险废物的,还要依照危

笔记区

险废物管理规定进行管理。上述案例中,小李家的油漆、油漆桶和机油都可能危害人体健康和自然环境,不能简单回收,需要特殊处理。此外,根据原环境保护部、国家发展和改革委员会、公安部《国家危险废物名录》,它们还属于危险废物,需要由持有危险废物经营许可证的单位收集、贮存、处置。对此,国务院专门制定了《危险废物经营许可证管理办法》,对于该许可证的申领条件有明确规定,对从事相关经营活动的单位有严格要求。本案中,小赵没有危险废物经营许可证,却准备在自己的回收站存放和处置小李家的危险废物,是违反法规规定的。

**知识链接**

**《中华人民共和国固体废物污染环境防治法》**

**第五十条第二款** 从生活垃圾中分类并集中收集的有害垃圾,属于危险废物的,应当按照危险废物管理。

**第八十条** 从事收集、贮存、利用、处置危险废物经营活动的单位,应当按照国家有关规定申请取得许可证。许可证的具体管理办法由国务院制定。

禁止无许可证或者未按照许可证规定从事危险废物收集、贮存、利用、处置的经营活动。

禁止将危险废物提供或者委托给无许可证的单位或者其他生产经营者从事收集、贮存、利用、处置活动。

笔记区

**国务院《危险废物经营许可证管理办法》第二条** 在中华人民共和国境内从事危险废物收集、贮存、处置经营活动的单位,应当依照本办法的规定,领取危险废物经营许可证。

**国务院《生活垃圾分类制度实施方案》** ……(三)强制分类要求……1. 有害垃圾。(1)主要品种。包括:废电池(镉镍电池、氧化汞电池、铅蓄电池等),废荧光灯管(日光灯管、节能灯等),废温度计,废血压计,废药品及其包装物,废油漆、溶剂及其包装物,废杀虫剂、消毒剂及其包装物,废胶片及废相纸等……

**纠纷解决技巧**

垃圾分类,不仅有助于变废为宝,也可以防止有害垃圾和一般生活垃圾混放所造成的潜在环境风险。但有时,人们难以分辨生活中一些常见的有害垃圾,一旦产生有害垃圾也不知如何合理处置。"法律明白人"可以参照国务院发布的《生活垃圾分类制度实施方案》中列举的常见有害垃圾,向人们普及相关知识。同时,还要提醒大家,有害垃圾一定要按规定投放在专门的垃圾桶中,或者交给合法机构进行处置。各地政府也需要加强垃圾分类宣传工作,做好垃圾分类基础设施建设。对于无证或不按照许可证要求从事危险废物收集、贮存、处置的单位,要依法予以整

笔记区

改和处罚。

**试题**

下列不属于有害垃圾的是(　　)。[1]

A. 过期的指甲油　　B. 日光灯管

C. 破碎的牛奶瓶　　D. 含汞体温计

---

① 答案:C。

笔记区

## ▶ 15. 邻居夜晚装修产生的噪声影响他人休息，如何解决？

### 案例

结束了一天的辛勤工作，老王准备放松一下好好睡个安稳觉，但没有想到，近日正在装修房子的邻居为了赶工期，让装修工人夜晚加班，晚上12点之后还在施工，装修的噪声直到清晨才停下。老王于是去和邻居协商装修的时间，但邻居表示，“这是我的房子，我想什么时候装修就什么时候装修，如果嫌吵，自己去买耳塞”，面对这样不讲理的邻居，老王陷入了窘境，难道就只能任由每天夜晚的噪声影响自己的休息吗？

### 法律分析

随着科学技术的日益发展，各种机械设备被创造和使用，给人类带来了繁荣和进步，但与此同时，也产生了越来越多而且越来越强的噪声。噪声不但会对听力造成损伤，还能诱发多种致癌致命的疾病，也对人们的生活、工作有所干扰。室内装修活动是社会生活噪声的重要来源之一，持续性强、干扰大的装修声音会对其他住户的生活产生干扰。为此，《中华人民共和国噪声污染防治法》特别强调，

笔记区

室内装修活动要限制时间，而且应当采取有效措施减轻或者避免环境噪声污染。各地区往往据此制定了相应的环境噪声污染防治办法，以北京为例，《北京市环境噪声污染防治办法》规定，法定休息日、节假日全天及工作日12时至14时、18时至次日8时均被设置为禁止装修的时间。在这些时间段内装修，均可能受到行政处罚。

## 知识链接

**《中华人民共和国噪声污染防治法》第六十六条** 对已竣工交付使用的住宅楼、商铺、办公楼等建筑物进行室内装修活动，应当按照规定限定作业时间，采取有效措施，防止、减轻噪声污染。

**《北京市环境噪声污染防治办法》第三十五条** 法定休息日、节假日全天及工作日12时至14时、18时至次日8时，禁止在已竣工交付使用的居民住宅楼内进行产生噪声的装修作业。在其他时段内进行装修作业的，应当采取措施，减轻对周围生活环境的干扰。

在已竣工交付使用的其它建筑内进行装修作业的，应当采取措施，减轻对周围生活环境的干扰。

## 纠纷解决技巧

生活中，若是遇到邻居夜晚装修产生的噪声太大，影响自己休息的情况，可以先和邻居进行沟通，在不影响邻

笔记区

里关系的情况下将问题说清楚,若能够通过协商方式解决,对于双方来说都更加高效。但如果邻居不讲道理,不愿意沟通,或者沟通了没有结果,则可以直接去物业处投诉,让物业跟邻居进行沟通,并及时要求物业反馈结果。如果物业投诉也没有效果,则可以参照当地的法律法规,看邻居是否在禁止装修的时间段内违规装修,若有此情况,可以报警或拨打“12369”环保举报热线进行举报。

### 试题

下列有关装修噪声的说法,不正确的一项是(　　)。[①]

A. 装修时,应当采取有效措施,减少或者避免装修噪声给他人生活带来的不利影响

B. 在深夜进行装修活动,有可能面临行政处罚

C. 如果邻居在违规时间段内进行装修,产生环境噪声,可以拨打“12369”环保举报热线进行举报

D. 为了赶装修工期,避免更长的装修时间,可以在凌晨进行装修,产生一点噪声无所谓

---

① 答案:D。

笔记区

## ▶ 16. 广场上唱歌跳舞的声音过大，属于噪声污染吗？

### 案例

老王家对面是一个大型广场，一到晚上，广场上就十分热闹，至少有四五个文艺团体聚集，交际舞、广场舞、水兵舞的音浪一波盖过一波。晚上10点后，咚咚的音乐仍然响个不停。除拉着音响来跳舞的团体外，广场上还有两拨人用车载电脑播放音乐录影带，唱歌唱戏，声音特别大，震耳欲聋。这让老王十分烦躁，因为平日里自己休息得比较早，所以经常会被音乐吵得睡不着觉。他想，这么大的声音，难道都不属于噪声污染吗？就没有什么部门来管管吗？

### 法律分析

噪声具有强烈的刺激作用，如果它长期作用于中枢神经系统，可以使大脑皮层的兴奋与抑制过程的平衡失调，将导致条件反射混乱。长期接触噪声的人往往会出现头痛、头晕、多梦、失眠、心慌、全身乏力和记忆力减退等症状，可能会被临床诊断为神经衰弱症。跳广场舞、在公园广场齐声高歌是老百姓喜闻乐见的文化活动，但其

笔记区

带来的“噪声”问题也让许多周边居民不堪其扰。因此，《中华人民共和国噪声污染防治法》中特别作出规定，要求在噪声敏感建筑物集中区域禁止使用高音广播喇叭，在广场上使用音响时也需要注意音量大小。《中华人民共和国治安管理处罚法》更是对违反社会生活噪声污染防治法律规定的行为，制定了处罚规则。所以，虽然跳广场舞可以强身健体，却也不能为了自身的享受，将音响声音开得过大，影响周围住户的正常生活。

## 知识链接

**《中华人民共和国噪声污染防治法》第六十四条** 禁止在噪声敏感建筑物集中区域使用高音广播喇叭，但紧急情况以及地方人民政府规定的特殊情形除外。

在街道、广场、公园等公共场所组织或者开展娱乐、健身等活动，应当遵守公共场所管理者有关活动区域、时段、音量等规定，采取有效措施，防止噪声污染；不得违反规定使用音响器材产生过大音量。

公共场所管理者应当合理规定娱乐、健身等活动的区域、时段、音量，可以采取设置噪声自动监测和显示设施等措施加强管理。

**《中华人民共和国治安管理处罚法》第五十八条** 违反关于社会生活噪声污染防治的法律规定，制造噪声干扰

笔记区

他人正常生活的，处警告；警告后不改正的，处二百元以上五百元以下罚款。

### 纠纷解决技巧

生活中，若是碰到广场上唱歌跳舞声音过大的情况，可以先与各舞队、歌队的负责人进行协商沟通，建议调小音响声量、控制唱歌跳舞的时间、戴耳机不外放伴奏音乐等。若沟通失败，可以向居委会或村委会进行投诉；居委会与村委会平时也应多加宣传噪声污染防治相关知识，对广场上声音过大的唱歌跳舞行为进行劝导，拒不改正者可以报警处理。

### 试题

下列有关广场上唱歌跳舞声音过大而产生噪声的说法，不正确的一项是（　　）。①

A. 广场属于公共场所，他人没有权利限制歌队、舞队音响的音量大小

B. 广场上唱歌跳舞产生的噪声污染，可能会影响周围居民的精神状态，严重时造成其精神疾病

C. 在广场上唱歌跳舞，使用音响器材可能产生干扰周围生活环境的过大音量的，必须遵守当地公安机关的

---

① 答案：A。

规定

笔记区

D. 违反关于社会生活噪声污染防治的法律规定,在广场上制造噪声的行为,将面临罚款

笔记区

## 17. 住宅楼下要建噪声较大的娱乐场所怎么办?

### 案例

宋姐买菜回家,路过自家楼下一个关门已久的店铺,发现门上的告示说这里准备开一家24小时音乐酒吧。她在网上了解到,这种酒吧通常会放声音很大的音乐,噪声会传到周围居民家里,让人不堪其扰。想到自家楼层低,面对噪声污染肯定首当其冲,宋姐有些着急:她的儿子儿媳晚上下班需要休息,上初三的孙子需要安静的环境学习,要是酒吧噪声扰民该如何是好?可眼下,宋姐找不到店主,也没法举报还没有开建的酒吧。她十分懊恼,却又不知道能用什么途径反映自己的诉求。不过,第二天,宋姐发现另外一则通知:酒吧的建设单位准备就酒吧的环境影响评价报告书征求公众意见。她决定参与建设单位组织的听证会,说出自己的疑虑。

### 法律分析

娱乐场所产生的噪声属于社会生活噪声。随着我国城市化的发展,社会生活噪声污染越发严重。如果娱乐场所事实上超标产生了噪声,可以依照《中华人民共和国噪

笔记区

声污染防治法》的有关规定向相关部门举报。但在这个案例中，宋姐想阻止尚未开建的酒吧开在自家楼下，并不能直接举报，而是可以参与到建设单位的环境影响评价程序中去。环境影响评价，是对建设项目实施后可能造成的环境影响进行分析、预测和评估，提出预防或减轻不良环境影响的对策和措施，进行跟踪监测的方法与制度。根据《中华人民共和国噪声污染防治法》《中华人民共和国环境影响评价法》的规定，可能造成重大噪声污染的建设项目如果需要编制环境影响报告书，建设单位在报批环境影响报告书前，需要举行论证会、听证会，或者采取其他形式，征求有关单位、专家和公众的意见。本案中，宋姐选择参加酒吧建设者组织的听证会是合理的。根据《中华人民共和国行政许可法》，宋姐还可以通过参与生态环境部门的行政许可程序表达自己的诉求。基于宋姐家和音乐酒吧的相邻关系，酒吧的建设已经直接涉及了宋姐的重大利益，她可以在生态环境部门审批酒吧环境影响评价文件时要求听证，合理合法维护权益，表达诉求。

## 知识链接

**《中华人民共和国噪声污染防治法》**

**第二十四条**　新建、改建、扩建可能产生噪声污染的建设项目，应当依法进行环境影响评价。

笔记区

**第六十一条** 文化娱乐、体育、餐饮等场所的经营管理者应当采取有效措施,防止、减轻噪声污染。

**《中华人民共和国环境影响评价法》第二十一条** 除国家规定需要保密的情形外,对环境可能造成重大影响、应当编制环境影响报告书的建设项目,建设单位应当在报批建设项目环境影响报告书前,举行论证会、听证会,或者采取其他形式,征求有关单位、专家和公众的意见。

建设单位报批的环境影响报告书应当附具对有关单位、专家和公众的意见采纳或者不采纳的说明。

**《中华人民共和国行政许可法》第四十七条** 行政许可直接涉及申请人与他人之间重大利益关系的,行政机关在作出行政许可决定前,应当告知申请人、利害关系人享有要求听证的权利;申请人、利害关系人在被告知听证权利之日起五日内提出听证申请的,行政机关应当在二十日内组织听证。

申请人、利害关系人不承担行政机关组织听证的费用。

**原国家环境保护总局《环境保护行政许可听证暂行办法》第五条** 实施环境保护行政许可,有下列情形之一的,适用本办法:

(一)按照法律、法规、规章的规定,实施环境保护行政许可应当组织听证的;

笔记区

(二)实施涉及公共利益的重大环境保护行政许可,环境保护行政主管部门认为需要听证的;

(三)环境保护行政许可直接涉及申请人与他人之间重大利益关系,申请人、利害关系人依法要求听证的。

## 纠纷解决技巧

一旦发生住宅楼下准备建设噪声较大娱乐场所的情况,人们往往不知道如何反映自身诉求。此时,如果娱乐场所的建设需要形成环境影响评价报告书,周围的居民可以参与建设单位组织的听证会、问卷调查等程序。如果建设项目不需要形成环境影响评价报告书,“法律明白人”可以依据有关规定,指导大家向有关部门提出请求,参与到政府环境保护许可决策过程中。值得注意的是,为了维护合法权利、发出自己的声音,受影响的居民需要采取合法手段,千万不能有过激言行。“法律明白人”需要向大家事先普法,晓之以理,呼吁人们依法表达诉求。政府有关部门在审批与群众利益密切相关的环境保护许可时,也应当履行主动告知听证权利的职责。

笔记区

## 试题

居民楼边要建设可能产生较大噪声的公路,居民如何合法表达自己的诉求?(　　)[①]

A. 自发组织邻居们去公路建设单位门口围堵,与单位领导“理论”

B. 申请参加建设单位组织的听证会,建议公路建成后加装隔音设施

C. 虽然公路还没有开建,但还是可以直接向主管部门举报噪声扰民,防患于未然

D. 坚决不支持公路建设,暴力阻拦前来发放调查问卷的建设单位工作人员

① 答案:B。

笔记区

## ▶ 18. 高速公路噪声扰民可以要求赔偿吗?

### 案例

老李一家人住在幸福村。2015 年,因地方发展需要,一条双向 6 车道的高速公路从幸福村穿境而过。家门口建成了高速公路,本来生活应该变得更加便捷,可老李的家却异常“热闹”。高速公路上车流连绵不断,噪声严重影响他们的正常生活,家人们每晚都在“嗡嗡”的噪声中入睡,睡眠质量极差。白天孙子在家中也无法静心完成作业。无奈之下,老李决定向法院提起诉讼,要求高速公路管理公司采取措施,还自己一方清净。法院经过审理认为,高速公路运营确实造成了老李家噪声超标,因此,被告公司违反国家保护环境、防止污染的规定,应当依法承担民事责任。被告公司须在判决生效后 90 天内采取相应措施,确保老李家噪声环境达到国家规定标准,并赔偿老李精神损害抚慰金 10000 元。

### 法律分析

随着城乡建设的发展,道路交通引发的环境噪声污染问题逐渐成为公众关注的热点。居民遇到噪声影响正常生活,甚至对身心健康构成损伤的情形时,可以根据《中华

笔记区

人民共和国噪声污染防治法》的规定，请求噪声制造方给予一定的赔偿。本案中的被告高速公路管理公司，有义务维护高速公路两侧毗邻住户区域的环境质量，以达到环保部门规定的环保标准，因此法院支持了老李的请求，判令高速公路管理公司采取有效措施，减轻高速公路运营对老李家产生的噪声污染，并对老李的精神健康损失进行经济赔偿。

### 知识链接

**《中华人民共和国噪声污染防治法》**

**第九条** 任何单位和个人都有保护声环境的义务，同时依法享有获取声环境信息、参与和监督噪声污染防治的权利。

排放噪声的单位和个人应当采取有效措施，防止、减轻噪声污染。

**第八十六条** 受到噪声侵害的单位和个人，有权要求侵权人依法承担民事责任。

对赔偿责任和赔偿金额纠纷，可以根据当事人的请求，由相应的负有噪声污染防治监督管理职责的部门、人民调解委员会调解处理。

国家鼓励排放噪声的单位、个人和公共场所管理者与受到噪声侵害的单位和个人友好协商，通过调整生产经营时间、施工作业时间，采取减少振动、降低噪声措施，支付补偿金、异地安置等方式，妥善解决噪声纠纷。

笔记区

**《中华人民共和国民法典》第一千二百二十九条** 因污染环境、破坏生态造成他人损害的,侵权人应当承担侵权责任。

### 纠纷解决技巧

城乡交通基础设施建设对地区经济发展具有积极作用,但也要充分考虑其产生的噪声污染给居民生活带来的负面影响。政府及相关单位应在建设前充分评估、依法严格审批,确保居民房屋不受建设项目噪声污染影响。当噪声影响群众生活,根据法律规定,政府部门及有关单位应当以人为本,积极协调交通运营活动与居民生活之间的冲突,妥善采取有效措施,加装隔音装置等减轻噪声对居民正常生活的影响,既保障群众生活安宁,又不中断交通运营活动。

### 试题

高速公路噪声影响自己的生活起居,下列做法不正确的是(　　)。①

A. 请求高速公路运营公司进行赔偿

B. 在高速公路经过路段拉横幅干扰其正常运营

C. 请相关部门采取措施解决噪声污染

D. 申请进行异地安置

① 答案:B。

笔记区

## 19. 附近工厂晚上开工发出的灯光刺眼怎么办?

### 案例

陈伯最近遇上了一件烦心事。每天晚上7点,离他家只有一墙之隔的工厂准时开工,厂区里一束刺眼的灯光正好射入陈伯家卧室,直到次日清晨才会熄灭。即使已经换上了厚厚的窗帘,每逢灯光亮起,卧室里还是被照得如同白昼。陈伯和老伴都上了年纪,睡眠本就不好,再加上灯光的干扰,几乎整晚都睡不着觉。为此痛苦不堪的陈伯和工厂老板交涉,提出能不能关上发出强光的灯,或是给灯换个方向。谁知,工厂老板却说:"这可是我们厂的防盗灯,必须照着大门口。按你的说法做,丢了东西你负责吗?"陈伯又生气又无奈,决定通过法律途径解决自己的问题。

### 法律分析

"光"看似无害,其实也可能导致污染。人为原因导致高强度光亮干扰他人生活、学习或工作,就是"光污染"。随着城市建设和工业生产日益发展,光污染也越来越成为困扰人们的问题。为了防治光污染,解决因为高强度光照

笔记区

导致的纠纷问题,《中华人民共和国环境保护法》和《中华人民共和国民法典》都对此专门进行了规定。《中华人民共和国环境保护法》要求企事业单位采取措施,防治在生产建设或其他活动中产生的光辐射对环境的污染和危害;《中华人民共和国民法典》"物权编"则从不动产相邻关系的准则出发,规定不动产权利人不得违反国家规定排放光辐射等有害物质。本案中,与陈伯家仅有一墙之隔的工厂用强光照射陈伯家,严重影响了陈伯家庭成员的身心健康。陈伯应当依法正确处理相邻关系,首先和不动产所有人友好协商。如果不动产所有人拒不履行防治光污染的义务,陈伯可以依《中华人民共和国民法典》相关规定向法院提起民事诉讼。

## 知识链接

**《中华人民共和国民法典》**

**第二百八十八条** 不动产的相邻权利人应当按照有利生产、方便生活、团结互助、公平合理的原则,正确处理相邻关系。

**第二百九十四条** 不动产权利人不得违反国家规定弃置固体废物,排放大气污染物、水污染物、土壤污染物、噪声、光辐射、电磁辐射等有害物质。

**《中华人民共和国环境保护法》第四十二条第一款**

笔记区

排放污染物的企业事业单位和其他生产经营者，应当采取措施，防治在生产建设或者其他活动中产生的废气、废水、废渣、医疗废物、粉尘、恶臭气体、放射性物质以及噪声、振动、光辐射、电磁辐射等对环境的污染和危害。

## 纠纷解决技巧

“光”看不见摸不着，让很多受到光污染困扰的人不知该如何维护自身合法权益。光污染属于地域性的环境问题，主要由《中华人民共和国民法典》中有关相邻关系的规则进行调整。当遭到工厂夜晚开工造成的光污染侵害时，需要按照有利生产、方便生活、团结互助、公平合理的原则，正确处理纠纷。受到光污染侵害的人们可以与工厂经营者、厂房所有人协商沟通，妥善解决光污染问题。如果私下协商不起作用，可以依据《中华人民共和国民法典》第 294 条的规定向法院提起民事诉讼，依靠法律力量维权。政府也需要对距离居民区较近、常在夜晚开工的工厂加强监管，向经营者普及光污染防治知识，促使企业落实防治光污染的义务。

**试题**

笔记区

依照我国法律规定,下列说法不正确的是(　　)。①

A. 铁路、公路振动也是一种环境污染

B. 玻璃幕墙十分时兴,可以随意建造

C. 建造建筑物不得妨碍相邻建筑物的通风、采光和日照

D. 建造建筑物不得违反国家有关工程建设标准

① 答案:B。

笔记区

## 20. 可以在河边洗衣服吗？

### 案例

为方便照顾儿子，李阿姨从村里搬到了甲市的滨河小区居住。周末，李阿姨带着一家人换下的衣物和洗涤工具来到了河边，一边搓衣服一边想："这水真干净，家里那自来水哪有这水好。在河里洗衣服还不用换水，比家里不知道方便到哪里去了！洗好了，我就直接挂在附近树上晾干再回家。"不一会儿，甲市城市管理行政执法局执法队员小刘到附近巡逻，发现李阿姨在河边洗衣服，立刻上前制止，"阿姨，这块是我们饮用水水源一级保护区，您不能在这里洗衣服，赶紧收起来吧！"李阿姨说："小伙子，你这规定我可没听过，我们从前一直都是在河边洗衣服的。"李阿姨仍然继续搓洗衣物。小刘说："阿姨，我可没骗您，我也是依法办事，您下来时没注意旁边有饮用水水源地和禁止洗衣的标志吗？您可能对这块不熟悉，我们每天都在这边巡查，就担心有人偷偷来洗衣服、游泳、钓鱼。"这下李阿姨犯了愁："怎么城里规定这么多？洗个衣服还违法？"

### 法律分析

饮用水水源地保护事关居民的用水安全，应该受到严

笔记区

格管理。《中华人民共和国水污染防治法》规定,在饮用水水源一级保护区,禁止使用含磷洗涤剂。洗涤剂只是将污垢从衣物上“拉下来”,并没有完全消除污垢,而是和污垢一起流入水中,成为水体污染物。而且在河边洗衣服,含磷的废水流入河中,会引起水体富营养化。长此以往,会导致河中藻类繁殖旺盛,造成鱼类及其他水生生物缺氧死亡,直至水质变坏甚至发臭。居民为了图方便或节省自家用水,在饮用水水源地一级保护区域内使用洗涤剂洗衣服,是违法行为,根据法律规定还可能会被处以 500 元以下的罚款。

## 知识链接

**《中华人民共和国水污染防治法》**

**第六十五条第二款** 禁止在饮用水水源一级保护区内从事网箱养殖、旅游、游泳、垂钓或者其他可能污染饮用水水体的活动。

**第七十三条** 国务院和省、自治区、直辖市人民政府根据水环境保护的需要,可以规定在饮用水水源保护区内,采取禁止或者限制使用含磷洗涤剂、化肥、农药以及限制种植养殖等措施。

**第九十一条第二款** ……个人在饮用水水源一级保护区内游泳、垂钓或者从事其他可能污染饮用水水体的活

笔记区

动的,由县级以上地方人民政府环境保护主管部门责令停止违法行为,可以处五百元以下的罚款。

## 纠纷解决技巧

河畔洗衣是居民的传统习惯之一,但在现今城市生活中水体污染严重,面对大量人口的饮水需求,对于饮用水水源地的保护也极为重要。城市行政管理部门也加强了监管力度,对发现的洗衣行为进行教育劝导。但"点对点"的执法方式毕竟影响力有限。相关部门还应当加强对水污染防治相关法律法规的宣传,在社区、河畔公园等公共区域为居民讲解水污染科学知识和法律规定,印发宣传手册,提升居民的环保意识,加大社会舆论监督,营造保护水体环境人人有责的社会氛围。

## 试题

下列可以在饮用水源一级保护区内从事的活动是(　　)。[①]

A. 浣洗衣服　　B. 网箱养殖

C. 垂钓　　D. 树立保护宣传栏

---

① 答案:D。

笔记区

## 21. 长江十年禁渔还可以垂钓吗?

### 案例

老王家住嘉陵江畔,是当地的钓鱼能手。春暖花开,气候舒适,正是外出钓鱼的好时间。老王带着自己的4把鱼竿和其他工具来到江边。找好位置,架好鱼竿后,老王心想:今天多少也能钓个十来斤,吃不完还能去市场上换点零钱。不一会儿,江边巡逻执法人员小刘便发现了老李:“叔,现在是长江禁渔期,咱们嘉陵江这段也在禁渔范围内,您不能这样钓鱼。”老李纳了闷:“我一老汉能钓多少鱼,你们管得也太宽了吧。”小刘说:“叔,您要是在禁渔区外,一人一竿一钩,纯属休闲放松,钓完还能放生,这样还行,但您这架了好几个竿杆子,摆明了不收网不收手,这就不是纯娱乐了。再说春季正是鱼类繁殖期,今天我不管您,明天就会有更多人拿着工具来钓,那咱们长江禁渔还能起什么保护作用?”老王点了点头:“小伙子你说得有道理,我再找找,在合法的地方一竿一钩钓鱼。”

### 法律分析

2020年起,长江流域332个保护区全面禁止生产性捕捞,禁捕暂定实行10年;最迟自2021年1月1日零时起,

笔记区

禁渔范围将扩大至所有长江干流和重要支流天然水域。在禁捕范围和禁捕时间内只能在允许的部分区域进行娱乐性垂钓,不能以获利、谋取更多渔获为目的,不允许使用“一人多竿,一竿多钩”,这些行为不仅不利于渔业休养生息,也不符合设置禁渔期制度的目的。本案中,老王所在的嘉陵江区域也属于禁渔范围,在禁渔期内,老王带着4个鱼竿想要捕获十几斤鱼,还想将钓来的鱼拿到集市上交易,已经不是单纯为娱乐而垂钓,这是法律法规禁止的行为。

## 知识链接

**《中华人民共和国刑法》第三百四十条** 违反保护水产资源法规,在禁渔区、禁渔期或者使用禁用的工具、方法捕捞水产品,情节严重的,处三年以下有期徒刑、拘役、管制或者罚金。

**《中华人民共和国渔业法》**

**第三十条第一款** 禁止使用炸鱼、毒鱼、电鱼等破坏渔业资源的方法进行捕捞。禁止制造、销售、使用禁用的渔具。禁止在禁渔区、禁渔期进行捕捞。禁止使用小于最小网目尺寸的网具进行捕捞。捕捞的渔获物中幼鱼不得超过规定的比例。在禁渔区或者禁渔期内禁止销售非法捕捞的渔获物。

**第三十八条** 使用炸鱼、毒鱼、电鱼等破坏渔业资源方法进行捕捞的,违反关于禁渔区、禁渔期的规定进行捕捞的,或者使用禁用的渔具、捕捞方法和小于最小网目尺寸的网具进行捕捞或者渔获物中幼鱼超过规定比例的,没收渔获物和违法所得,处五万元以下的罚款;情节严重的,没收渔具,吊销捕捞许可证;情节特别严重的,可以没收渔船;构成犯罪的,依法追究刑事责任。

在禁渔区或者禁渔期内销售非法捕捞的渔获物的,县级以上地方人民政府渔业行政主管部门应当及时进行调查处理。

制造、销售禁用的渔具的,没收非法制造、销售的渔具和违法所得,并处一万元以下的罚款。

## 纠纷解决技巧

垂钓是不少人的休闲爱好,但以垂钓的名义,进行变相生产性捕捞的现象仍然存在。2020 年起,长江流域实行 10 年禁渔期,即使在严格的禁渔令之下,还出现了所谓“垂钓者”使用爆炸钩、串钩、可视锚钓等破坏性渔具的情况,以及一人多竿、一线多钩、多线多钩等这些不规范的垂钓行为,“垂钓者”一天可以“钓到”二三百斤。因此,对于不规范的垂钓行为,地方政府要加强监管,打击利用或变相利用垂钓进行捕捞生产的行为。同时,也要做好法律法规

笔记区

与政策宣传,深入乡村和社区,讲解禁渔的重要意义和规范垂钓方法,提高社会公众的生物多样性保护意识,鼓励群众参与禁渔期社会监督活动,积极投诉不规范的垂钓行为,创造保护长江生态的良好社会氛围。

### 试题

在 10 年禁渔期内,下列哪种垂钓方式是允许的?(  )[①]

A. 炸鱼、毒鱼、电鱼

B. 一人多竿、一竿多钩

C. 用小于最小网目尺寸的网具捕捞

D. 一人一竿一钩

---

① 答案:D。

笔记区

## ▶ 22. 饮用水水源保护区内可以养鱼吗?

### 案例

清溪水库位于饮用水水源地一级保护区内,近日县生态环境接到居民投诉称,有人在清溪水库里养鱼,可能会影响水库的水质。县生态环境局和水利局工作人员立即前往清溪水库开展实地调查。当事人老李在清溪水库投放了从外省运来的约3万斤鱼苗,进行网箱养殖。见到调查人员,老李说:“工作人员,我这个可是清水养鱼,完全不喂食,这多环保,对水能有啥影响,说不定还能帮你们改善水质呢。”调查人员告诉老李:“叔,咱们清溪水库在饮用水水源地一级保护区内,一级保护区内禁止网箱养殖,不管是清水养鱼还是‘肥水’养鱼,您就算不投饲料、肥料,可这鱼自身是不是带有什么病菌咱也不清楚,您不向我们报备、也没经过审批就贸然投放,这给全县人的饮水安全带来多大危险?”老李连连道歉道:“原来如此,是我太大意了!”

### 法律分析

为保持水库良好水体质量,防止和抑制水库富营养化,部分饮用水水源地二级保护区内水库投放有吃悬浮生物的花鲢、白鲢等鱼种,但不允许投放导致水体污染的饵

笔记区

料、肥料，实行自然放养。但即便是这种“清水养鱼”，对养鱼的品种、数量也需严格控制。而且按照《中华人民共和国水污染防治法》规定，在饮用水水源一级保护区内禁止网箱养殖，本案中的清溪水库位于饮用水水源地一级保护区内，因此，老李无论是否投放饲料、肥料，都不能在清溪水库中进行网箱养殖鱼类。

### 知识链接

**《中华人民共和国水污染防治法》**

**第六十五条第二款** 禁止在饮用水水源一级保护区内从事网箱养殖、旅游、游泳、垂钓或者其他可能污染饮用水水体的活动。

**第六十六条第二款** 在饮用水水源二级保护区内从事网箱养殖、旅游等活动的，应当按照规定采取措施，防止污染饮用水水体。

**第九十一条第二款** 在饮用水水源一级保护区内从事网箱养殖或者组织进行旅游、垂钓或者其他可能污染饮用水水体的活动的，由县级以上地方人民政府环境保护主管部门责令停止违法行为，处二万元以上十万元以下的罚款。个人在饮用水水源一级保护区内游泳、垂钓或者从事其他可能污染饮用水水体的活动的，由县级以上地方人民政府环境保护主管部门责令停止违法行为，可以处五百元以下的罚款。

笔记区

## 纠纷解决技巧

饮用水保护事关人民群众的生命健康安全,国家法律严格限制在水源地保护区内养鱼。但生活中总有人偷偷在水源地水库养鱼,或者对饮用水水源地保护区相关法律法规不了解,看到在水库养鱼为净化保护水质的新闻,便片面理解信息,误以为水库“清水养鱼”的方式不违法。因此,基层政府还需要加强对居民的普法宣传,促使居民知法懂法,并加强执法力量,鼓励水源地周边居民举报投诉违法养殖行为,压缩违法私自养殖行为的生存空间。

## 试题

下列关于可以在饮用水水源保护区内从事的活动有(　　)。[①]

A. 在饮用水水源地一级保护区内开展游船娱乐活动

B. 在饮用水水源地一级保护区内进行网箱养鱼

C. 在饮用水水源地二级保护区内随意投放化肥、鸡粪养鱼

D. 在饮用水水源地二级保护区内按照规定进行“清水养鱼”

---

① 答案:D。

笔记区

## 23. 农村生活污水可以乱泼乱倒吗?

### 案例

大学生小李假期回到勤劳村爷爷家,小李发现爷爷奶奶将做饭、洗衣、冲洗鸡舍等污水都直接倾倒在院子外,这些污水顺势流向邻居屋后的竹林和其他田地。于是小李跟爷爷说:"爷爷,咱们这些洗菜和洗衣的水可不能乱倒,流到别人地里多不好。"老李说:"那怕啥,地里又种没庄稼。太阳一晒就干了,啥事没有。"小李说:"爷爷,这可不是晒干了就没事了,这附近的田地虽然现在没有庄稼,但不代表以后不种,咱平时洗衣、养鸡产生的这些污水直接排到田地里面会造成土壤污染,影响之后种庄稼。再说要是咱们村每家每户都乱泼乱倒生活污水,村里肯定到处臭气熏天,不仅影响生活环境,还容易滋生蚊蝇等害虫传播疾病,影响大家健康!"老李感叹:"随便倒个水竟然这么严重,大学生懂得就是多,老汉今天我长知识了。"

### 法律分析

农村生活污水是村民在生活和家庭养殖等过程中产生的污水,其直接排放会污染村庄及周边地区的土壤和地下水;且生活污水的积累也为害虫的繁殖提供了有利环

笔记区

境,增加了血液疾病的传播风险;生活污水的排放积累还会散发臭气,影响村民正常生活。因此,《中华人民共和国环境保护法》规定,禁止把不符合农用和环境保护标准的废水直接排入农田;《中华人民共和国湿地保护法》规定,禁止向湿地排放不符合标准的生活污水。本案中,老李家的生活污水未经处理直接排放,他错误地认为太阳将水晒干后,污染就会消失,按照《中华人民共和国水污染防治法》的规定,将不符合水质标准的污水直排农田是违法行为。为了更好地引导村民依法依规排放生活污水,地方政府应积极履行法律义务,统筹规划建设农村污水、垃圾处理设施,并保障其正常运行。

## 知识链接

**《中华人民共和国环境保护法》**

**第四十九条第二款** 禁止将不符合农用标准和环境保护标准的固体废物、废水施入农田。施用农药、化肥等农业投入品及进行灌溉,应当采取措施,防止重金属和其他有毒有害物质污染环境。

**第五十条** 各级人民政府应当在财政预算中安排资金,支持农村饮用水水源地保护、生活污水和其他废弃物处理、畜禽养殖和屠宰污染防治、土壤污染防治和农村工矿污染治理等环境保护工作。

笔记区

**《中华人民共和国湿地保护法》第二十八条**　禁止下列破坏湿地及其生态功能的行为：

……

（三）排放不符合水污染物排放标准的工业废水、生活污水及其他污染湿地的废水、污水，倾倒、堆放、丢弃、遗撒固体废物；

……

**《中华人民共和国水污染防治法》**

**第五十二条**　国家支持农村污水、垃圾处理设施的建设，推进农村污水、垃圾集中处理。

地方各级人民政府应当统筹规划建设农村污水、垃圾处理设施，并保障其正常运行。

**第五十八条**　农田灌溉用水应当符合相应的水质标准，防止污染土壤、地下水和农产品。

禁止向农田灌溉渠道排放工业废水或者医疗污水。向农田灌溉渠道排放城镇污水以及未综合利用的畜禽养殖废水、农产品加工废水的，应当保证其下游最近的灌溉取水点的水质符合农田灌溉水质标准。

### 纠纷解决技巧

农村生活污水治理是改善农村人居环境治理、建设美丽宜居乡村的重要内容，但我国地域辽阔，分布在山区、丘陵、平原等不同区域的农村,进行生活污水集中处置的客观条件限制不同,因此,实现农村生活污水良好处置是一个长期的过程。政府应当依法统筹规划生活污水处理设施建设,加大财政支持力度,保障农村生活污水处理的可能性;同时,也要加强对生活污水治理相关政策法规的宣传,提升村民对政策法律的知晓度,增强村民保护生活环境的责任感。

笔记区

**试题**

以下关于农村生活污水处理的做法正确的是(　　)。[①]

A. 排入周边河湖中

B. 排入沼气池等污水处理设施内

C. 排入村中废弃不用的深水井中

D. 排入农田附近灌溉沟渠内

① 答案:B。

笔记区

## 24. 收受好处帮助企业排污违法吗?

### 案例

老王是生态环境局副局长,其管辖范围内的化工企业数量众多,手中握着对违规排污企业行政处罚“大权”,成为众多化工企业负责人“巴结”的对象。许多企业违规排污被查处后,往往首先想到老王,给他送钱送物,请求照顾。老王也来者不拒,只要得到好处,便可将重处罚变为轻处罚、轻处罚变为不处罚,多次帮助企业“免罚少罚”排污。某次,有一化工企业夜间偷排污水时,排污暗管爆裂,污水渗到地面,被环保巡察人员发现,准备于第二日刨管取证查处,但就在当夜,该企业负责人找到老王,送其钱物,请求“关照”。老王接受钱物后,一方面暗示其可以用大量清水稀释管道中的污水,另一方面拖延刨管取证的时间。最终此次偷排取证工作“失败”。另有一造纸厂因规模较小,污染较严重而无法办理排污许可证,在该造纸厂负责人找到老王,并承诺给其好处费后,老王利用自己职务上的便利和自身关系网帮助该造纸厂拿下了排污许可证。自此,造纸厂的污水又开始源源不断地流入大河。

笔记区

## 法律分析

生态环境关系国家、关系民生。环境污染事件的背后,往往存在国家工作人员监管不到位或缺位问题。当环保官员收取好处费,帮助企业排污,充当企业的“保护伞”,和污染企业沆瀣一气的时候,绿水青山只会离我们越来越远。因此,必须对这类官员进行严惩。《中华人民共和国环境保护法》中规定对这类人员给予记过、记大过或者降级处分,造成严重后果时,可以开除或者撤职。当收受好处费达到一定数量时,这些人员更是有可能触犯《中华人民共和国刑法》中规定的受贿罪。

## 知识链接

**《中华人民共和国环境保护法》第六十八条** 地方各级人民政府、县级以上人民政府环境保护主管部门和其他负有环境保护监督管理职责的部门有下列行为之一的,对直接负责的主管人员和其他直接责任人员给予记过、记大过或者降级处分;造成严重后果的,给予撤职或者开除处分,其主要负责人应当引咎辞职:

(一)不符合行政许可条件准予行政许可的;

(二)对环境违法行为进行包庇的;

(三)依法应当作出责令停业、关闭的决定而未作出的;

笔记区

（四）对超标排放污染物、采用逃避监管的方式排放污染物、造成环境事故以及不落实生态保护措施造成生态破坏等行为，发现或者接到举报未及时查处的；

（五）违反本法规定，查封、扣押企业事业单位和其他生产经营者的设施、设备的；

（六）篡改、伪造或者指使篡改、伪造监测数据的；

（七）应当依法公开环境信息而未公开的；

（八）将征收的排污费截留、挤占或者挪作他用的；

（九）法律法规规定的其他违法行为。

**《中华人民共和国刑法》第三百八十五条** 国家工作人员利用职务上的便利，索取他人财物的，或者非法收受他人财物，为他人谋取利益的，是受贿罪。

国家工作人员在经济往来中，违反国家规定，收受各种名义的回扣、手续费，归个人所有的，以受贿论处。

## 纠纷解决技巧

环保部门在保护环境方面负有重要职责，但个别领导干部为了一己私利，在工作中滥用职权、失职渎职、玩忽职守、以权谋私，不仅损害了国家和人民的利益，也损害了环保部门的形象，在社会上造成了恶劣影响。若在平时工作中发现环保部门官员存在收受企业好处费，帮助企业排污的现象，应当及时举报，破除腐败乱象。

### 试题

笔记区

如果你是一名环保部门的官员，当企业负责人找到你，希望通过给你好处费，让你帮忙排污时，你的做法应当是(　　)。[①]

A. 接受，此种行为有利于招商引资，发展经济

B. 接受，只要不说出去，没有人可以查到

C. 拒绝，违法排污会严重影响环境质量，收受好处费的行为也可能涉嫌受贿罪

D. 拒绝，好处费过于明目张胆，应当暗示负责人采取更加私密的方式进行交易

---

① 答案：C。

笔记区

## 25. 周围化工厂随意排污，如何维权？

### 案例

老王今年的收成非常惨淡，稻田减产，鱼塘死鱼，为了探寻其中的原因，他请人将鱼塘中的水抽干。结果发现抽干了水的鱼塘呈现出一片“硫磺”色，四周的水草则像长了“铁锈”一样布满了斑斑点点。这让他开始怀疑始作俑者是上游的两家化工厂。经过老王的观察，这两家化工厂没有任何排污设施，每次经过它们附近都能闻到臭味，虽说现在没有证据证明自己的减产和化工厂的排污有直接关系，但老王觉得这样随意排污对村里的环境也会造成巨大的污染，于是他开始计划维权的方法。

### 法律分析

化工厂随意排污，将会造成严重的水污染，这不仅加剧了水资源的短缺，而且水质的恶化也会严重威胁人民群众的身心健康。化工厂随意排污，影响附近居民正常生活的，居民可以向环境保护执法部门反映举报，由环境保护部门根据《中华人民共和国环境保护法》，查封、扣押造成污染物排放的设施、设备，超过排放标准排污的，还可以要求限制生产、停产整治。如果给居民带来损失的，居民还可以直接向法院提起民事诉讼，要求赔偿损失。

笔记区

## 知识链接

**《中华人民共和国环境保护法》**

**第二十五条**　企业事业单位和其他生产经营者违反法律法规规定排放污染物，造成或者可能造成严重污染的，县级以上人民政府环境保护主管部门和其他负有环境保护监督管理职责的部门，可以查封、扣押造成污染物排放的设施、设备。

**第六十条**　企业事业单位和其他生产经营者超过污染物排放标准或者超过重点污染物排放总量控制指标排放污染物的，县级以上人民政府环境保护主管部门可以责令其采取限制生产、停产整治等措施；情节严重的，报经有批准权的人民政府批准，责令停业、关闭。

## 纠纷解决技巧

当发现周围化工厂有异味排出时，很可能是化工厂在随意排污，应立即向环境保护执法部门反映举报，同时尽量避免饮用可能被污染的水源或是食用被污染地块的粮食作物。

笔记区

**试题**

你发现村庄里有一家化工厂没有任何排污设施，你的正确做法是（　　）。[1]

A. 搜集证据，对化工厂负责人进行敲诈

B. 将可能被污染的粮食作物送给化工厂，"毒毒"化工厂的负责人

C. 及时向环境保护执法部门举报，捍卫自身权利

D. 化工厂人多势众，自己却力量单薄，选择视而不见

---

① 答案：C。

笔记区

## ▶ 26. 在江、河、湖、水库周边可以堆粪积肥吗?

### 案例

老王在家中养了一些猪和鸡,每年能带来不少经济收益。他想到,正好可以用猪粪和鸡粪积一些农家肥,浇在自家地里,庄稼长势可以更好。但让他发愁的是家里院子不大,没有地方积粪肥。老王家南面正好有一条小河,河滩上有一大片空地。为了不浪费这些畜禽粪便,他决定就在这片空地上堆肥。第二天,老王就把粪倾倒在了河滩上,想到一段时间后就可以收取农家肥了,心里美滋滋的。谁承想,没过两天,便有环保部门工作人员找上门来,要求老王清理河滩上的畜禽粪便,说他的行为可能造成水污染。老王很纳闷:河边上这么大个空地,咋就不能堆肥了呢?

### 法律分析

农村的江、河、湖、水库等周边往往有一些空地,对家中饲养牲畜的村民来说,这些空地可以作为堆粪积肥的场所。但这种造出天然“农家肥”的做法忽视了畜禽粪便其实是污染物的事实。实际上,畜禽粪便中含有的氮、病原体等物质一旦进入水体,会造成水质下降、水体污染等问

笔记区

题;如果水体恰好在水源地保护区,还会影响取水、给水,后果十分严重。根据《中华人民共和国环境保护法》相关规定,从事畜禽养殖的单位和个人应当采取措施,科学处置畜禽粪便,防止污染环境。《中华人民共和国水污染防治法》也提到,为了加强对水体的保护,政府鼓励畜禽养殖场、养殖小区建设畜禽粪便、废水的综合利用或者无害化处理设施;对于散养畜禽的农户而言,则应当将畜禽粪便交由集中处理机构进行利用,不要擅自处置。

## 知识链接

**《中华人民共和国环境保护法》第四十九条第三款** 畜禽养殖场、养殖小区、定点屠宰企业等的选址、建设和管理应当符合有关法律法规规定。从事畜禽养殖和屠宰的单位和个人应当采取措施,对畜禽粪便、尸体和污水等废弃物进行科学处置,防止污染环境。

**《中华人民共和国水污染防治法》第五十六条** 国家支持畜禽养殖场、养殖小区建设畜禽粪便、废水的综合利用或者无害化处理设施。

畜禽养殖场、养殖小区应当保证其畜禽粪便、废水的综合利用或者无害化处理设施正常运转,保证污水达标排放,防止污染水环境。

畜禽散养密集区所在地县、乡级人民政府应当组织对畜禽粪便污水进行分户收集、集中处理利用。

笔记区

### 纠纷解决技巧

随意在水体周围堆粪积肥,会造成水污染,影响水环境质量。因此,一旦发现这种现象,要及时制止并要求堆粪的人立即清理畜禽粪便。此外,也要留意法律法规有关畜禽粪便处理的要求并及时通知给乡亲们,使更多人采用建设处理设施、交由机构集中处置等方式实现畜禽粪便综合利用,防止污染的同时不致浪费品质优良的农家肥料。当地政府也应当鼓励支持畜禽养殖场、养殖小区建设畜禽粪便综合利用或无害化处理设施;同时,组织对散养农户产生的畜禽粪便污水进行分户收集,做好集中处理使用工作,如建设集中堆肥设施等,为农村水污染防治创造良好条件。这个案例提示我们,日常生活中看似普通的做法,有可能已经违反环保法律规定。为防止这种情形发生,既需要加强观察,及时纠正乡亲们的不当行为;也需要多进行普法宣传,让环保法律知识内化于心,外化于行。

笔记区

### 试题

下列对畜禽养殖场废水的处理方式,符合法律规定的是(　　)。[1]

A. 直接排入养殖场旁的湖泊里

B. 在不符合农田灌溉水质标准的情况下排入农田灌溉渠道中

C. 排入渗井或渗坑里,自然下渗

D. 综合利用或进行无害化处理,达标后排放

① 答案:D。

笔记区

## 27. 用暗管、渗坑等方式偷排污水要承担什么法律后果?

### 案例

某县环保部门接到村民投诉,村中一食品加工厂利用暗管偷排污水到荒沟。执法工作人员立即开展实地调查。经查,该食品加工厂远离村民集中区,利用偏僻的地理“优势”,在厂中私设一根排水暗管,将污水直排到附近荒沟。加工厂厂主张某承认自己因图省事,将生产污水不经处理直接排放。虽然知道这样做有风险,但心存侥幸,认为偷排行为应该不会被发现。执法工作人员责令张某立即拆除暗管,对其处以10万元罚款,并将张某移交公安部门依法处理。

### 法律分析

一些企业为了逃避监管,降低污水处理成本,私设暗管或利用渗井、渗坑直接排污,这种做法给乡村土壤、水源安全都带来极大威胁。《中华人民共和国水污染防治法》规定,环保部门对利用暗管、渗坑排污的行为要责令改正,并处以罚款。过去,相关企业认为交点罚款就可以了事,但2015年《中华人民共和国环境保护法》正式施行后,对

笔记区

于此种违法排污行为，企业责任人将面临最高15日的行政拘留处罚，排污情形严重的还可能涉嫌犯罪。因此，本案中的食品加工厂厂主张某私设暗管排污，不仅被处以罚款，还被执法人员移送给公安部门依法处理。

### 知识链接

**《中华人民共和国水污染防治法》**

**第三十九条**　禁止利用渗井、渗坑、裂隙、溶洞，私设暗管，篡改、伪造监测数据，或者不正常运行水污染防治设施等逃避监管的方式排放水污染物。

**第八十三条**　违反本法规定，有下列行为之一的，由县级以上人民政府环境保护主管部门责令改正或者责令限制生产、停产整治，并处十万元以上一百万元以下的罚款；情节严重的，报经有批准权的人民政府批准，责令停业、关闭：

（一）未依法取得排污许可证排放水污染物的；

（二）超过水污染物排放标准或者超过重点水污染物排放总量控制指标排放水污染物的；

（三）利用渗井、渗坑、裂隙、溶洞，私设暗管，篡改、伪造监测数据，或者不正常运行水污染防治设施等逃避监管的方式排放水污染物的；

（四）未按照规定进行预处理，向污水集中处理设施排放不符合处理工艺要求的工业废水的。

笔记区

**《中华人民共和国环境保护法》第六十三条** 企业事业单位和其他生产经营者有下列行为之一，尚不构成犯罪的，除依照有关法律法规规定予以处罚外，由县级以上人民政府环境保护主管部门或者其他有关部门将案件移送公安机关，对其直接负责的主管人员和其他直接责任人员，处十日以上十五日以下拘留；情节较轻的，处五日以上十日以下拘留：

（一）建设项目未依法进行环境影响评价，被责令停止建设，拒不执行的；

（二）违反法律规定，未取得排污许可证排放污染物，被责令停止排污，拒不执行的；

（三）通过暗管、渗井、渗坑、灌注或者篡改、伪造监测数据，或者不正常运行防治污染设施等逃避监管的方式违法排放污染物的；

（四）生产、使用国家明令禁止生产、使用的农药，被责令改正，拒不改正的。

## 纠纷解决技巧

建设美丽乡村，需要以生态环保为底线进行招商引资，设立在村中的企业更要担负起环保责任，自觉依法处理排放废弃物。政府监管部门要密切关注企业的生产行

笔记区

为,加强执法精细度,向企业普及环保法律知识,引导企业使用合法方式排污。同时,也要面向乡村居民宣传环保法律及政策,提升防治污染的公众知晓度和参与度,利用公众力量,合力进行污染监控与防治工作。

**试题**

企业用暗管、渗坑等方式乱排污水,将受到什么行政处罚?(　　)①

A. 责令企业提供排污数据报告

B. 责令企业停业关闭

C. 对其直接负责的主管人员处5日以上、10日以下拘留,并处罚款

D. 对其直接负责的主管人员处10日以上、15日以下拘留,并处罚款

① 答案:B。

笔记区

## ▶ 28. 承包水库养鱼可以随意投放饵料吗?

### 案例

王明承包了作为村里水源地的水库养殖鱼类。肉质肥嫩、味道鲜美的水库鱼吸引了众多食客前来品尝,能卖上不错的价钱。为了提升水库鱼的产量,增加收入,王明把畜禽粪便等有机肥和化肥投入水库中,用来提高水的养分。不久,村里人便发现,自家水龙头流出的水水质变差了,颜色污浊,还有很多杂质。大家不敢喝水用水,并且向当地环保部门报告了水质问题。经查,王明不合理投饵、投肥的行为污染了水库中的水,影响当地生活用水安全。执法人员马上制止了王明的行为,并对他依法予以处罚。

### 法律分析

养鱼时投放饵料、肥料可以促进鱼类生长,能产生良好的效果。但是饵料、肥料中含有大量氮、磷等营养物质,还可能含有病原体。因此,如果不合理投饵、投肥,会造成水体污染。特别是在作为水源地的水库中养鱼时,还需要遵循水源地保护的特殊规定。根据《中华人民共和国水污染防治法》《中华人民共和国渔业法》的规定,从事水产养

笔记区

殖应当保护水域生态环境，合理投饵、投肥，防止污染水环境。同时，原国家环境保护局、原卫生部、原建设部等五部门颁布的《饮用水水源保护区污染防治管理规定》还要求，在水源地保护区和准保护区内禁止倾倒粪便、不得滥用化肥。一些地方性法规或规范性文件对此也有相关规定。本案中，王明在作为村子水源地的水库滥用化肥、有机肥进行鱼类养殖，造成水质下降，水源污染，影响全村人的用水安全，已经违反了相关法律规定。在从事鱼类养殖活动时，需要注意相关法律规范的规定，做到科学、合理、合法，统筹兼顾生态环境保护和经济效益，防治水污染。

## 知识链接

**《中华人民共和国水污染防治法》第五十七条**　从事水产养殖应当保护水域生态环境，科学确定养殖密度，合理投饵和使用药物，防止污染水环境。

**《中华人民共和国渔业法》第二十条**　从事养殖生产应当保护水域生态环境，科学确定养殖密度，合理投饵、施肥、使用药物，不得造成水域的环境污染。

**原国家环境保护局、原卫生部、原建设部等五部门《饮用水水源保护区污染防治管理规定》第十一条**　饮用水地表水源各级保护区及准保护区内均必须遵守下列规定：

一、禁止一切破坏水环境生态平衡的活动以及破坏水

笔记区

源林、护岸林、与水源保护相关植被的活动。

二、禁止向水域倾倒工业废渣、城市垃圾、粪便及其它废弃物。

三、运输有毒有害物质、油类、粪便的船舶和车辆一般不准进入保护区,必须进入者应事先申请并经有关部门批准、登记并设置防渗、防溢、防漏设施。

四、禁止使用剧毒和高残留农药,不得滥用化肥,不得使用炸药、毒品捕杀鱼类。

## 纠纷解决技巧

养殖鱼类过程中不合理投放饵料、肥料和药物,可能会污染水域环境,破坏生态,甚至危及生活用水安全。对此,“法律明白人”可以对身边的鱼类养殖户普及相关法律法规,说明滥用饵料、肥料的危害,提醒他们不要为了追求经济利益而造成水体污染的严重后果。如果发现鱼类养殖过程中存在可能导致水污染的违法行为,要及时向当地环境保护部门举报。同时,政府也应当加强监督,及时纠正、打击违法滥用饵料、肥料和药物进行鱼类养殖的行为。同时,有关部门也可以为养殖户举办介绍科学养殖方法的科普活动,让大家采用绿色生态的手段促进鱼类增产。

笔记区

## 试题

根据我国法律规定，下列说法正确的是（　　）。[①]

A. 在饮用水水源一级保护区内可以从事网箱养殖

B. 有机粪肥生态环保，可以用于水库投肥养鱼

C. 从事养殖生产不得使用含有毒有害物质的饵料、饲料

D. 为了防止鱼类疾病，可以在养鱼时随意投放药物

① 答案：C。

笔记区

## 29. 在菜地、果园使用高毒农药杀虫违法吗?

### 案例

老张发现自己菜地里种植的豆角被虫啃食,喷了几种低毒农药仍然没有解决害问题。他听说甲拌磷毒性强,杀虫效果立竿见影,于是私下买了一些在菜地进行喷洒,果然喷一次就起作用了,老张心想,这真是太省力了,并用剩下的甲拌磷顺便给果园里的梨树也除了虫。很快老张使用高毒农药给菜地、果园除虫的行为被农业执法部门查处,随后移交给公安机关。法院经审理,以生产、销售有毒有害食品罪,判处老张有期徒刑6个月,并处罚金5000元。

### 法律分析

农药是农村重要的生产工具,但在菜地、果园、农田喷洒高毒农药杀虫,会污染大气环境,造成土壤污染、水污染,进而给群众的生命健康安全带来隐患。甲拌磷作为一种高毒农药,国家限制在蔬菜、果树、茶叶上使用。虽然杀虫效果显著,但是高毒农药在蔬菜、水果内残留高,直接危害食用者的健康,因此,《中华人民共和国环境保护法》、《中华人民共和国食品安全法》和《中华人民共和国刑法》等法律法规都对禁止使用高毒农药作了规定。在本案中,老张明知甲拌磷是高毒农

笔记区

药仍然购买，并对蔬菜、果树使用，已经涉嫌生产、销售有毒有害食品罪，依照《中华人民共和国刑法》的规定，被处以刑罚。

## 知识链接

**国务院《农药管理条例》第三十四条第四款** 剧毒、高毒农药不得用于防治卫生害虫，不得用于蔬菜、瓜果、茶叶、菌类、中草药材的生产，不得用于水生植物的病虫害防治。

**《中华人民共和国食品安全法》第四十九条第一款** 食用农产品生产者应当按照食品安全标准和国家有关规定使用农药、肥料、兽药、饲料和饲料添加剂等农业投入品，严格执行农业投入品使用安全间隔期或者休药期的规定，不得使用国家明令禁止的农业投入品。禁止将剧毒、高毒农药用于蔬菜、瓜果、茶叶和中草药材等国家规定的农作物。

**最高人民法院、最高人民检察院《关于办理危害食品安全刑事案件适用法律若干问题的解释》第十一条第一款、第二款** 在食品生产、销售、运输、贮存等过程中，掺入有毒、有害的非食品原料，或者使用有毒、有害的非食品原料生产食品的，依照刑法第一百四十四条的规定以生产、销售有毒、有害食品罪定罪处罚。

在食用农产品种植、养殖、销售、运输、贮存等过程中，使用禁用农药、食品动物中禁止使用的药品及其他化合物等有毒、有害的非食品原料，适用前款的规定定罪处罚。

**《中华人民共和国刑法》第一百四十四条** 在生产、销售

笔记区

的食品中掺入有毒、有害的非食品原料的,或者销售明知掺有有毒、有害的非食品原料的食品的,处五年以下有期徒刑,并处罚金;对人体健康造成严重危害或者有其他严重情节的,处五年以上十年以下有期徒刑,并处罚金;致人死亡或者有其他特别严重情节的,依照本法第一百四十一条的规定处罚。

### 纠纷解决技巧

剧毒、高毒农药的使用不仅污染环境,还会危害群众生命健康,政府应当深入乡村、社区,宣传普及剧毒、高毒农药禁用清单,以及相关法律法规,提高公众对于农药使用规范的知晓度,从而引导公众正确使用农药进行种植、生产。对于图方便、省事,私下购买剧毒、高毒农药的行为,政府要严格监管,加强执法力度,切断农药非法交易的传播链条,保护乡村生态环境,守护百姓餐桌安全。

### 试题

使用剧毒、高毒农药,最高将受到什么处罚?(　　)[①]

A. 批评教育　　B. 五年以下有期徒刑,并处罚金

C. 十年以下有期徒刑,并处罚金

D. 十年以上有期徒刑、无期徒刑或死刑,并处罚金或没收财产

---

① 答案:D。

笔记区

## ▶ 30. 村里荒地可以建养鸡场吗?

### 案例

小张大学毕业后选择返乡创业,他想用自己学到的经营知识和养殖技术,带领乡亲们拓宽致富道路。村东头有块临水荒地无人照管,小张想:这块地面积不小,又依山傍水,建个养鸡场,发展林下养鸡正合适。他把这个提议告诉了在村委会工作的好友小王,小王听后,连连摇头:"小张,你说的林下养鸡挺新颖,但是这块地真不适合建养鸡场。"小张满脸疑惑地问:"怎么会?这地不是基本农田,而且面积不小可以搞规模养殖,距离水源地近,养殖用水也方便。"小王解释道:"就是因为离水太近了,村东头那块是咱们饮用水水源保护区,按照国家法律规定,不能建养殖场,你想为咱们村创收的想法是好的,但咱们也要注意环保呀!"小张恍然大悟:"原来如此,看来我得好好学学相关的法律法规!"

### 法律分析

畜禽养殖业存在养殖场的废水、微生物病原体、饲料中的农药残留等多个方面的污染因素,对土壤、大气以及水资源都会产生不同程度的污染。若未进行合理规划选址,或养殖场缺乏处理污染物的设备,就会出现废物随意丢弃、污水直接排放等现象,对周边的生态环境以及群众的生命健康,都会造成一定程度上的负面影响。

因此,《中华人民共和国环境保护法》规定,畜禽养殖场选址、建设必须符合法律规定;国务院《畜禽规模养殖污染防治条例》规定,禁止在饮用水水源保护区、风景名胜区等地方建设养殖场。在本案中,小张看中的荒地位于该区域饮用水源保护区,依照法律法规,不能建设养鸡场。

### 知识链接

**《中华人民共和国环境保护法》第四十九条第三款**

畜禽养殖场、养殖小区、定点屠宰企业等的选址、建设和管理应当符合有关法律法规规定。从事畜禽养殖和屠宰的单位和个人应当采取措施,对畜禽粪便、尸体和污水等废弃物进行科学处置,防止污染环境。

**国务院《畜禽规模养殖污染防治条例》**

**第十一条** 禁止在下列区域内建设畜禽养殖场、养殖小区:

(一)饮用水水源保护区,风景名胜区;

(二)自然保护区的核心区和缓冲区;

(三)城镇居民区、文化教育科学研究区等人口集中区域;

笔记区

（四）法律、法规规定的其他禁止养殖区域。

**第三十七条** 违反本条例规定，在禁止养殖区域内建设畜禽养殖场、养殖小区的，由县级以上地方人民政府环境保护主管部门责令停止违法行为；拒不停止违法行为的，处3万元以上10万元以下的罚款，并报县级以上人民政府责令拆除或者关闭。在饮用水水源保护区建设畜禽养殖场、养殖小区的，由县级以上地方人民政府环境保护主管部门责令停止违法行为，处10万元以上50万元以下的罚款，并报经有批准权的人民政府批准，责令拆除或者关闭。

## 纠纷解决技巧

大量的养殖业污染正在成为我国环保的新挑战，但在农村地区，畜禽养殖也是村民致富创收的重要途径。防治畜禽养殖污染，需要兼顾村民的生产需求以及生态环境发展的需求。因此依法、科学合理地规划畜禽养殖场的选址，是确保减轻畜禽养殖业对环境造成污染的首要条件。政府要加强监管工作力度，严格禁止在饮用水水源地、自然保护区等法律法规限制的区域建设养殖场。同时，相关部门要进一步加强对畜禽养殖户环保意识的宣传，正确引导防治环境污染的措施，让畜禽养殖户充分认识到畜禽养殖污染的严重性，促使全民加入保护环境的队伍中来。

**试题**

笔记区

在村里建设养鸡场,下列选项中正确的是(　　)。[1]

A. 水源保护区可以建养鸡场

B. 风景名胜区可以建养鸡场

C. 自然保护区可以建养鸡场

D. 以上都不正确

① 答案:D。

笔记区

## ▶ 31. 养鸭场的鸭粪可以直接排入田地吗？

### 案例

县环保部门接到群众投诉，李村有村民新盖了一个养鸭场，可养鸭场的鸭粪不经过处理，直接排放到田间土地里，把周边区域弄得臭气熏天。执法工作人员立即前往李村调查，经查发现，养殖户老李为图方便省钱，养鸭场并未建设粪便处理装置，直接排放到养鸭场附近田地里。老李对工作人员说："同志，这个鸭粪还能给地增肥，现在臭了点，过一段味道就散了！"执法工作人员对老李说："叔，鸭粪中含有的寄生菌通常会对土壤造成严重的污染，而且还会散发臭味污染环境，给周边村民生活也带来不便，按照法律规定，畜禽规模养殖过程中的粪污不能未经处理直接排放。"老李越听越迷惑："我们种地都是粪多肥就多，怎么现在用粪还违法了呢？"

### 法律分析

鸭粪中含有的寄生菌以及未经消化的饲料排放到土壤里，不仅会吸引地下的害虫，还会造成土壤污染，从而影响农作物生产。规模化的养鸭场，鸭粪便的产量很大，若不经处理直接排放，不仅污染环境，还会传播疾病。因此，国务院

笔记区

《畜禽规模养殖污染防治条例》和《中华人民共和国固体废物污染环境防治法》都对从事畜禽规模养殖应合理处置畜禽粪污作了规定,鸭粪未经处理直接排放入田地是违法行为,情形严重的可能会被执法机关处以罚款或停业关闭。在本案中,老李为了方便省钱,将鸭粪直排入田,不仅会造成土壤污染,还会影响周围村民正常生产生活,因此被执法工作人员依法责令改正。

## 知识链接

**《中华人民共和国固体废物污染环境防治法》**

**第六十五条第二款** 从事畜禽规模养殖应当及时收集、贮存、利用或者处置养殖过程中产生的畜禽粪污等固体废物,避免造成环境污染。

**第一百零七条** 从事畜禽规模养殖未及时收集、贮存、利用或者处置养殖过程中产生的畜禽粪污等固体废物的,由生态环境主管部门责令改正,可以处十万元以下的罚款;情节严重的,报经有批准权的人民政府批准,责令停业或者关闭。

**国务院《畜禽规模养殖污染防治条例》第二十条** 向环境排放经过处理的畜禽养殖废弃物,应当符合国家和地方规定的污染物排放标准和总量控制指标。畜禽养殖废弃物未经处理,不得直接向环境排放。

笔记区

**《中华人民共和国大气污染防治法》第七十五条** 畜禽养殖场、养殖小区应当及时对污水、畜禽粪便和尸体等进行收集、贮存、清运和无害化处理，防止排放恶臭气体。

## 纠纷解决技巧

鸭粪等畜禽粪便是传统的农家肥，过去的处理办法是堆积发酵，但这样做会散发臭味，不仅影响周边居民生活，还会造成土壤污染。因此，现在进行规模化养殖都需要配置粪污处理装置，不可直接排放入田。地方政府应当加强对科学养殖技术的推广，以及对农村养殖场粪污处理情况的检查，同时，还要加强对养殖污染防治相关法律法规的宣传，提高村民对于养殖污染及相关法律法规的知晓度，使政策法规获得村民的了解和支持，从源头减少农村畜禽养殖污染争议。

## 试题

关于鸭粪等畜禽粪便的处理方式，以下正确的是（　　）。[①]

A. 直接排放在村中荒地

B. 直接堆放到自家农田

C. 直接排放入村中河流、水库

D. 回收用作生产沼气的原料

---

① 答案：D。

笔记区

## 32. 在自家承包的耕地上可以建房吗?

### 案例

老王最近为儿子盖房发愁。“我这两个儿子都到成家的时候了,可家里就一间房,翻翻新也只够一个儿子用。想给小儿子再盖一处房,咱又没有宅基地了,这可咋办?”老王向邻居李老汉抱怨。李老汉说:“那怕啥,你们屋后不还有承包的几十亩地吗?你在旁边修一栋小楼,占不了多大地方。”老王心想:这也是个办法,盖几间房占不了多大地方,不过是少种点庄稼。于是老王便把自己的想法告诉了二儿子小李,小李哭笑不得:“爹,咱们那可是耕地,不能随便占用做其他用途,你要是真盖了房,政府也得给你拆了,事情严重,还可能把你抓紧去坐牢!”老王十分惊讶:“啊,这么严重吗?咱们自己承包的地,怎么用谁能管得着,盖几间房就违法了?”

### 法律分析

在本案中,小李劝说老李不要占用耕地建房的做法是正确的,擅自占用耕地建房是违法行为,依照《中华人民共和国土地管理法》的规定,禁止占用耕地建房、建窑,违法建筑物将被拆除,违法者会被罚款;若占用的耕地面积较

笔记区

大,还可能触犯《中华人民共和国刑法》规定的非法占用农用地罪,将会面临刑事处罚。耕地事关国家粮食安全,国家法律给予严格保护,村民不能心存侥幸,逃避监管,擅自占用建房。

### 知识链接

**《中华人民共和国土地管理法》**

**第三十七条** 非农业建设必须节约使用土地,可以利用荒地的,不得占用耕地;可以利用劣地的,不得占用好地。

禁止占用耕地建窑、建坟或者擅自在耕地上建房、挖砂、采石、采矿、取土等。

禁止占用永久基本农田发展林果业和挖塘养鱼。

**第七十五条** 违反本法规定,占用耕地建窑、建坟或者擅自在耕地上建房、挖砂、采石、采矿、取土等,破坏种植条件的,或者因开发土地造成土地荒漠化、盐渍化的,由县级以上人民政府自然资源主管部门、农业农村主管部门等按照职责责令限期改正或者治理,可以并处罚款;构成犯罪的,依法追究刑事责任。

**《中华人民共和国刑法》第三百四十二条** 违反土地管理法规,非法占用耕地、林地等农用地,改变被占用土地用途,数量较大,造成耕地、林地等农用地大量毁坏的,处五年以下有期徒刑或者拘役,并处或者单处罚金。

笔记区

## 纠纷解决技巧

很多村民承包了土地后,认为可以完全按照自己的意愿进行利用,但我国耕地实行的是“三权分置”的政策,耕地的所有权是集体,而不是个人。保护农村耕地意味着保护我们国家的粮食安全,因此国家明确严守农村耕地红线,严厉杜绝滥用耕地、占用建房、污染、损害耕地的行为。地方政府除了日常对农村耕地利用情况进行执法检查外,还应当深入农村,宣传普及耕地保护法律法规,耐心为村民讲解耕地保护政策,让家家户户知晓耕地保护的重要性,提高法律法规政策执行的顺畅度。

## 试题

在自家承包的耕地上哪种行为是合法的?(　　)[①]

A. 种植农作物　　B. 建房

C. 挖沙、采石、采矿、取土　　D. 建窑、建坟

① 答案:A。

笔记区

## 33. 可以在生活区内建猪舍吗?

### 案例

为了满足自己售卖猪崽的生意需要,老王将自己临时租用的居民住房改建成了一个小型的养猪场,用于临时饲养猪崽。然而这样的行为,给邻近村民的正常生活带来了极大的困扰,有的村民说,"经常天不亮就听到一堆猪崽在嚎叫,简直没法睡,有时候甚至整夜都能听到猪叫的声音";更多的村民表示,一到夏天,饲养猪崽产生的臭味让他们苦不堪言,难以忍受;还有部分细心的村民发现,老王家养猪产生的污水都没有处理就随便乱排,有时就直接流入了周边河道,给当地环境造成了污染。村民已向管理部门投诉了此事,可是老王觉得,这是我租的地方,我想怎么样就怎么样,你们管得着吗?事情真的会如老王所想得那么简单吗?

### 法律分析

根据《中华人民共和国畜牧法》的规定,畜禽养殖场、养殖小区至少应当具备下列两个条件:其一,具备法律、行政法规和国务院畜牧兽医行政主管部门规定的防疫条件;其二,有对畜禽粪便、废水和其他固体废弃物进行综合利用的沼气池等设施或者其他无害化处理设施。但在本案中,老王在居民生活区内搭建猪舍,完全没有遵守这两项要求。一是将猪舍搭在居民区内,一旦动物发生可传染至人体的疫情,将使该生活区内的所有居民都暴露在被感染的风险中;二是生活区不具备各项排污设施搭建的条件,粪便、废水和固体废弃物一般会直接排放至环境中,对环境造成污染破坏。

笔记区

因此,在《中华人民共和国畜牧法》与《中华人民共和国动物防疫法》中,都对畜禽养殖场的选址要求,作出了详细的规定,而在生活区建造猪舍的行为,是被法律明令禁止的。

## 知识链接

**《中华人民共和国畜牧法》第四十条** 禁止在下列区域内建设畜禽养殖场、养殖小区:

(一)生活饮用水的水源保护区,风景名胜区,以及自然保护区的核心区和缓冲区;

(二)城镇居民区、文化教育科学研究区等人口集中区域;

(三)法律、法规规定的其他禁养区域。

**《中华人民共和国动物防疫法》第二十四条** 动物饲养场和隔离场所、动物屠宰加工场所以及动物和动物产品

笔记区

无害化处理场所,应当符合下列动物防疫条件:

(一)场所的位置与居民生活区、生活饮用水水源地、学校、医院等公共场所的距离符合国务院农业农村主管部门的规定……

## 纠纷解决技巧

将猪舍建在生活区内,既有环境风险,又有健康风险。如果发现有村民正有意向作出类似行为,应当及时劝阻。若是经反复劝阻,仍执意要修建养殖场,可以向上级环保部门投诉,由其作出限期搬迁的决定。

## 试题

下列关于猪舍选址的说法,正确的是(　　)。[1]

A. 应当将猪舍建在风景名胜区内,这样的猪肉更能卖出好价钱

B. 应当将猪舍建在居民生活区内,这样可以节省运输费用

C. 应当将猪舍建在水源保护区边,这样方便污水的排放

D. 风景名胜区、居民生活区、水源保护区均不是猪舍的合理选址

---

① 答案:D。

笔记区

## ▶ 34. 基本农田上可以搭棚搞养殖吗?

### 案例

在外地务工一年的小王没有攒下多少积蓄,又听其他同事说,“在外打工不如在家养猪”,便决心辞去城里的工作,回到老家,同自己的父亲老王,一同开展养殖业。为了省下额外的租地费用,老王与小王决定直接在自家的基本农田上进行养殖。这天,2 人刚开始搭建养猪棚,邻居老李便前来阻止:“你们别搭了呀,去年我也是在自家农田上搞养殖,刚搭完就被拆了,说是违法呀,还要罚款!”老王与小王非常纳闷,在自家农田上养殖,不是私事吗,怎么还会被处罚?

### 法律分析

为了增加家庭收入,近年来,不少农民选择在自家承包的耕地上发展养殖业,这种行为看起来是农民自家的“私事”;但由于部分耕地属于基本农田,是国家严格保护的地块,未经审批私自改变这类耕地的用途,便可能触碰法律的底线。根据国务院《基本农田保护条例》的规定,基本农田,是指按照一定时期人口和社会经济发展对农产品的需求,依据土地利用总体规划确定的、不得占用的耕地;

笔记区

破坏基本农田，毁坏农田种植的行为均将受到处罚。《中华人民共和国土地管理法》中亦有相似规定，被划定确认的基本农田不得被任何单位或个人擅自改变用途。因此，对于基本农田的使用，应严格遵循国家及地方相关法律法规要求，杜绝搭棚养殖、挖塘养鱼、栽培果树等一系列占用基本农田的行为。

## 知识链接

**《中华人民共和国土地管理法》第三十五条**　永久基本农田经依法划定后，任何单位和个人不得擅自占用或者改变其用途。

**国务院《基本农田保护条例》**

**第十七条**　禁止任何单位和个人在基本农田保护区内建窑、建房、建坟、挖砂、采石、采矿、取土、堆放固体废弃物或者进行其他破坏基本农田的活动。

禁止任何单位和个人占用基本农田发展林果业和挖塘养鱼。

**第三十三条**　违反本条例规定，占用基本农田建窑、建房、建坟、挖砂、采石、采矿、取土、堆放固体废弃物或者从事其他活动破坏基本农田，毁坏种植条件的，由县级以上人民政府土地行政主管部门责令改正或者治理，恢复原种植条件，处占用基本农田的耕地开垦费1倍以上2倍以下的罚款;构成犯罪的,依法追究刑事责任。

笔记区

## 纠纷解决技巧

"但存方寸地,留与子孙耕。"对基本农田的使用问题不是各农户自家的私事、小事;而是上升到国家战略层面的公事、大事。一旦发现村民在基本农田区域建设养殖大棚,应当及时劝阻,对其说明相关法律法规的要求,并告知可能带来的如拆除、罚款等处罚风险。

## 试题

下列关于基本农田及基本农田保护,说法不正确的一项是(　　)。①

A. 基本农田,是"吃饭田","保命田",个人不得擅自改变其用途

B. 为推进农业农村现代化,提升农民收入,应鼓励农民在基本农田上开展除种植业外的其他产业,如搭棚养猪、挖塘养鱼等

C. 破坏基本农田种植功能的行为,将受到法律的处罚

D. 在基本农田上不得进行建窑、建房、建坟、挖砂、采石、采矿、取土、堆放固体废弃物等行为

① 答案:B。

笔记区

## 35. 水沟里的污水可以浇地用吗?

### 案例

河东村有一条污水沟穿村而过。这条水沟的上游是一座小镇,镇子上的生活污水和一些食品小作坊的废水都排入这条水沟。此外,河东村的乡亲们往往还把自家洗衣洗菜剩下的水倒入其中。因此,水沟水质浑浊,泡沫翻腾的景象并不鲜见。河东村位于相对缺水的华北平原,村里人找不到灌溉水源,就想到了用污水沟里的水浇灌庄稼。一天,县里生态环境局的干部小李来到河东村走访,看见村民老赵正引污水浇自家的白薯地,连忙上前制止:“大叔,这沟里的污水不符合灌溉标准,可不能用来浇地。”老赵却十分疑惑地说:“不都是水吗,有啥区别?我们村棉花蔬菜也都是用这条沟里的水浇的啊!看看,用这水浇庄稼还省化肥。”

### 法律分析

在缺水的地区,如果合理使用污水灌溉,污水中的营养物质能够促进农作物生长,起到节水增产的效果。但是,用于灌溉的污水必须符合生态环境部与国家市场监督管理总局联合发布的《农田灌溉水质标准》等农用标准和环境保护标准的要求。使用水质不达标的污水灌溉农田,污水中超标的重金属和其他有毒有害物质会进入土地,造成严重的土壤污染,有些土地上的作物甚至会因此枯萎,变得寸草不生。对于一些看似因为污水灌溉而“增产”的耕地,上面的庄稼收获后,土壤中的污染物会由于被庄稼吸收进而进入人体,危害健康;由于污灌带入土地的微生物、寄生虫还会传播传染病。因此,《中华人民共和国环境保护法》明确禁止将不符合农用标准和环境保护标准的废水用于农田灌溉,《中华人民共和国土壤污染防治法》《中华人民共和国水污染防治法》也要求农田灌溉用水应当符合相应的水质标准。用水沟里的污水浇地,看似省水省化肥,百利而无一害,实则埋下了土壤污染的祸根,影响土地安全性,从长远看成本远高于收益。

## 知识链接

**《中华人民共和国环境保护法》第四十九条第二款** 禁止将不符合农用标准和环境保护标准的固体废物、废水施入农田。施用农药、化肥等农业投入品及进行灌溉,应当采取措施,防止重金属和其他有毒有害物质污染环境。

**《中华人民共和国土壤污染防治法》第二十八条第三款** 农田灌溉用水应当符合相应的水质标准,防止土壤、地下水和农产品污染。地方人民政府生态环境主管部门

笔记区

应当会同农业农村、水利主管部门加强对农田灌溉用水水质的管理,对农田灌溉用水水质进行监测和监督检查。

**《中华人民共和国水污染防治法》第五十八条** 农田灌溉用水应当符合相应的水质标准,防止污染土壤、地下水和农产品。

禁止向农田灌溉渠道排放工业废水或者医疗污水。向农田灌溉渠道排放城镇污水以及未综合利用的畜禽养殖废水、农产品加工废水的,应当保证其下游最近的灌溉取水点的水质符合农田灌溉水质标准。

**生态环境部与国家市场监督管理总局《农田灌溉水质标准》 4.3** 向农田灌溉渠道排放城镇污水以及未综合利用的畜禽养殖废水、农产品加工废水、农村生活污水,应保证其下游最近的灌溉取水点的水质符合本标准的要求。

## 纠纷解决技巧

如果使用污水灌溉耕地,一定要保证污水符合生态环境部与国家市场监督管理总局《农田灌溉水质标准》的要求。“法律明白人”一旦发现有人使用未达标的污水浇地,应当劝告制止,说明利害关系,不要让乡亲们为了眼前利益而造成土壤污染的严重后果。田地丰产少不了庄稼人的经验和勤劳,也离不开科学和法律的支撑。平时,“法律明白人”可以多了解一些有关灌溉水质标准、土壤污染的

笔记区

法律知识、科学知识,做好普及工作,让大家在从事农业生产活动时,能够以科学为依据、以法律为准绳。地方政府应当积极履行职责,定期对农田灌溉用水水质进行监督检查,保证灌溉用水符合标准。同时,要加强耕地附近污水水质监控,组织污水集中收集处理,建设完善农村灌溉设施,从根源上缓解灌溉用水水质差、水量紧张的局面,助力乡村农业绿色发展。

## 试题

下列可以向农田灌溉渠道排放的污水是(　　)。[1]

A. 村里服装加工厂的废水

B. 符合农田灌溉水质标准的农产品加工废水

C. 乡镇医院产生的医疗废水

D. 微生物超标的畜禽养殖废水

① 答案:B。

笔记区

## 36. 农田里废弃的地膜可以就地掩埋吗?

### 案例

地膜用得好,作物产量高。老张家里的农田,都覆盖着能保水、保土、保肥的农用薄膜,也就是俗称的“地膜”。今年,老张家的庄稼长势喜人,地膜算是一大“功臣”。收获之后,老张看着这满地白花花的地膜,实在不想费工费力下地收集了,便打算将它们就地掩埋,明年再铺上新的。收工回家的路上,他正好遇见了邻居老宋,便把自己的打算和他说了说。谁知,老宋听了他的话,忙摇摇头说:“这可不行,地膜就地掩埋会污染土地,对庄稼也不好!而且这事儿违法,得罚款!”老王这下可有点着急了:“我明天就叫上老伴儿和儿子一起去把它们捡回来。可是这旧地膜也不能堆家里,这可怎么办?烧掉吗?”老宋赶紧阻止,告诉老王应该把废地膜送到集中回收网点。老王对老宋的提醒很是感激。

### 法律分析

我国的农用薄膜使用率很高,大大助力了粮食增产增收。但这些塑料薄膜还有一个名字——“白色污染”。它们在土地里可以历经上百年无法降解,影响水肥流动,阻碍作物生长。因此,万万不可为了"图省事",随意在地里丢弃、掩埋废弃地膜。地膜虽小,危害却大,一时的省时省力,最终却会污染土地,损害地力,将造成减产,绝不是长远之计。《中华人民共和国土壤污染防治法》规定,使用者应当及时回收农用薄膜,否则将被处以罚款。具体的回收工作可以参照农业农村部、工业和信息化部、国家市场监管总局等四部门《农用薄膜管理办法》的规定,地膜的使用者应当捡拾干净田间的农用薄膜废弃物,之后再交给回收网点或回收工作者,从而保护耕地,防止污染。

## 知识链接

**《中华人民共和国环境保护法》第四十九条第一款**　各级人民政府及其农业等有关部门和机构应当指导农业生产经营者科学种植和养殖,科学合理施用农药、化肥等农业投入品,科学处置农用薄膜、农作物秸秆等农业废弃物,防止农业面源污染。

**《中华人民共和国土壤污染防治法》**

**第三十条第二款**　农业投入品生产者、销售者和使用者应当及时回收农药、肥料等农业投入品的包装废弃物和农用薄膜,并将农药包装废弃物交由专门的机构或者组织进行无害化处理。具体办法由国务院农业农村主管部门会同国务院生态环境等主管部门制定。

笔记区

**第八十八条** 违反本法规定,农业投入品生产者、销售者、使用者未按照规定及时回收肥料等农业投入品的包装废弃物或者农用薄膜,或者未按照规定及时回收农药包装废弃物交由专门的机构或者组织进行无害化处理的,由地方人民政府农业农村主管部门责令改正,处一万元以上十万元以下的罚款;农业投入品使用者为个人的,可以处二百元以上二千元以下的罚款。

**农业农村部、工业和信息化部、国家市场监管总局等四部门《农用薄膜管理办法》第十五条** 农用薄膜使用者应当在使用期限到期前捡拾田间的非全生物降解农用薄膜废弃物,交至回收网点或回收工作者,不得随意弃置、掩埋或者焚烧。

**纠纷解决技巧**

防范农用薄膜污染,需要从生产、销售、使用、回收、再利用等多环节、全流程入手,地膜的生产者、销售者和使用者等不同角色都需要承担相应的义务。因此,“法律明白人”要了解法律法规对他们各自的要求,提醒大家承担防治污染的责任。比如,农用薄膜生产者应当严守行业规范和标准,做好产品追溯和市场监管工作,在合格证明显位置提示使用者回收利用;销售者需要依法建立销售台账,为日后回收利用提供便利;使用者也要依法建立农用薄膜使用记录,同时,做好废弃的农用薄膜回收工作。平时,还可以多加宣传,鼓励乡亲们选用全生物降解的环保地膜,提醒大家收集回收普通地膜。对政府来说,则需要加强农用薄膜监管工作,鼓励、支持回收工作,为扶持废旧农用薄膜再利用企业提供优惠政策,加强农用薄膜残留监测,倡导大家合理使用地膜。

**试题**

关于农用薄膜的使用和处理,下列说法不正确的是(　　)。[①]

A. 使用者应当在使用期限到期前捡拾田间的非全生物降解农用薄膜废弃物,交至回收网点或回收工作者

B. 农业生产企业、农民专业合作社等使用者应当依法建立农用薄膜使用记录,使用记录应当至少保存两年

C. 如果农用薄膜没有损坏,使用者就可以超过产品标签标注的期限使用农用薄膜

D. 国家鼓励和支持农业生产者使用生物可降解农用薄膜

① 答案:C。

笔记区

## ▶ 37. 可以将山上的黄土挖来养花吗?

### 案例

张家村南边有一座山,山上大部分是村里的林地。村里张大妈非常喜欢养花,平时在院子里种了五彩缤纷的花草,还经常和村里其他“养花达人”交流经验。有一次,她听邻居说,养花选土必须得选养分足的,便想到村南树林里肥沃的黄土正好可以挖来养花。第二天一大早,张大妈便带着铲子和桶来到山上挖土,刚好碰上村中小李来巡视自家的林地。张大妈开心地和小李说起自己的打算,小李却阻止了她:“大妈,这山上的土可不能随便挖,这是违法的。”张大妈十分不解地问:“这不就是普通的黄土吗?怎么挖土还犯法了?”

### 法律分析

森林不仅可以为人们带来经济效益,还具有很高的生态价值,对空气净化、水土保持等均有重要意义。为了保护、培育和合理利用森林资源,保障森林生态安全,我国法律对林地保护有特殊规定。在林地采土,会影响林木的生长,危害生态环境,因此,《中华人民共和国森林法》明确禁止这种行为。上述案例中的山是村中的林地,张大妈如果

笔记区

在山上采挖黄土,是违反法律的。如果因为采土造成林木毁坏,还需要限期补种树木;造成林地毁坏,则需要限期恢复植被和林业生产条件。此外,《中华人民共和国森林法》也禁止在林地开垦、采石、采砂等毁林行为。除林地外,我国法律也强调对耕地的保护,如《中华人民共和国土地管理法》中规定,禁止擅自在耕地建房、挖砂、采石、采矿、取土等。因此,一定不能为了贪图便宜,便在附近林地、耕地挖土用于养殖花草,应当采用合法途径购买专门的营养土和肥料。

### 知识链接

**《中华人民共和国森林法》**

**第三十九条第一款** 禁止毁林开垦、采石、采砂、采土以及其他毁坏林木和林地的行为。

**第七十四条第一款** 违反本法规定,进行开垦、采石、采砂、采土或者其他活动,造成林木毁坏的,由县级以上人民政府林业主管部门责令停止违法行为,限期在原地或者异地补种毁坏株数一倍以上三倍以下的树木,可以处毁坏林木价值五倍以下的罚款;造成林地毁坏的,由县级以上人民政府林业主管部门责令停止违法行为,限期恢复植被和林业生产条件,可以处恢复植被和林业生产条件所需费用三倍以下的罚款。

笔记区

**《中华人民共和国土地管理法》第三十七条** 非农业建设必须节约使用土地，可以利用荒地的，不得占用耕地；可以利用劣地的，不得占用好地。

禁止占用耕地建窑、建坟或者擅自在耕地上建房、挖砂、采石、采矿、取土等。

禁止占用永久基本农田发展林果业和挖塘养鱼。

**纠纷解决技巧**

“挖土”被很多人看作平平常常的小事。大家往往认为从附近挖土养花，既便宜又方便，却不知道自己的行为已经触犯了法律。因此，“法律明白人”要向邻里乡亲们普及林地、耕地保护知识和相关法律常识。遇到喜欢养花的人，还要引导他们购买养花专用土，不要随意挖土、取土，以免让日常生活中的小事成为破坏环境、违反法律的大事。当地政府也要加强对土地资源的利用的监管，一旦发现破坏耕地、林地的行为，需要及时制止。对于造成土地资源破坏、生态环境损害的，要追究行为人责任。

## 试题

笔记区

很多人出于爱好喜欢养殖花草。关于养殖花草,下列做法正确的是(　　)。[①]

A. 可以在耕地里挖土养花

B. 可以采摘国家保护植物种在家中

C. 可以直接携带境外花草回国养殖

D. 购买养花专用营养土养殖花草

---

① 答案:D。

笔记区

## 38. 采矿造成的生态破坏由谁修复?

### 案例

老王家位于一个煤炭资源带,煤炭业为当地带来了大量经济收益。老王准备利用家乡的资源走出致富之路,于是设立矿山企业,通过合法程序取得了采矿权证,打算开采煤矿。他雇来工人,在矿区草原钻洞取煤。虽然他的采矿行为是合法的,但还是导致了草地破坏、土地裸露,一部分土地还因此塌陷,发生地质灾害的风险大大增加。没过几天,当地自然资源局的工作人员便来找老王,要求他采用合理措施修复受损的草原。老王有些纳闷了:虽然自己取得了采矿权,但草原还是属于村集体所有,理应由村集体负责草原的修复。可是,这修复责任为什么由自己承担?

### 法律分析

采矿过程中可能会造成地形破坏、环境污染、植被受损和地质灾害发生风险增加等生态问题。为了能有明确的责任主体负责修复因采矿受到损害的生态环境,及时恢复生态系统的良性循环和服务功能,《中华人民共和国矿产资源法》规定,如果因为采矿破坏了耕地、草原、林地,应

笔记区

当由矿山企业负责因地制宜采取复垦利用、植树种草或其他利用措施，修复当地生态。这可以归纳为“谁开采，谁修复”的原则，是企业环保责任在法律上的体现，有助于在矿产开采的全过程中落实生态保护工作。在本案中，老王是矿山的开采者，应当由他的矿山企业承担生态修复责任。虽然从所有权关系看，老王开采的煤矿资源属于国家所有，破坏的草原属于当地村民集体所有，但仍然需要由老王的企业负责采取受损草原再利用、地质灾害防治等方式，修复矿区草原生态。

## 知识链接

**《中华人民共和国矿产资源法》第三十二条** 开采矿产资源，必须遵守有关环境保护的法律规定，防止污染环境。

开采矿产资源，应当节约用地。耕地、草原、林地因采矿受到破坏的，矿山企业应当因地制宜地采取复垦利用、植树种草或者其他利用措施。

开采矿产资源给他人生产、生活造成损失的，应当负责赔偿，并采取必要的补救措施。

**《中华人民共和国土地管理法》第四十三条** 因挖损、塌陷、压占等造成土地破坏，用地单位和个人应当按照国家有关规定负责复垦；没有条件复垦或者复垦不符合要求

笔记区

的，应当缴纳土地复垦费，专项用于土地复垦。复垦的土地应当优先用于农业。

**《中华人民共和国环境保护法》第六条第三款** 企业事业单位和其他生产经营者应当防止、减少环境污染和生态破坏，对所造成的损害依法承担责任。

## 纠纷解决技巧

“绿水青山就是金山银山。”合理开采矿产资源，及时修复矿区生态，对保护土地资源、维护生态安全和促进当地经济可持续发展都具有重要意义。拥有采矿权的企业，在采矿之初，便应当做好环境影响评价工作，将防治生态破坏纳入考量之中。采矿过程中，要因地制宜，选取合理科学的手段，修复因采矿造成的生态损害。在矿山关闭前，还要提出土地复垦利用、环境保护的资料，按照国家规定报请审查批准。由此可见，企业的环境保护责任贯穿矿产资源开发过程的始终。此外，当地政府也应当加强监管，督促矿山企业履行生态修复义务，并向企业普及矿区生态保护的科学知识和法律知识。

**试题**

笔记区

根据《中华人民共和国矿产资源法》,下列说法错误的是(　　)。[1]

A. 矿产资源属于国家所有,由国务院行使国家对矿产资源的所有权

B. 禁止将探矿权、采矿权倒卖牟利

C. 由于采矿业收益高于农业,采矿过程中可以破坏耕地且无须修复

D. 非经国务院授权的有关主管部门同意,不得在国家划定的自然保护区开采矿产资源

① 答案:C。

笔记区

## 39. 肥料可以随便用吗?

### 案例

老王最近在市场上看到了一种很便宜的肥料,他买回来试用了2天后就发现种的蔬菜长得更加旺盛,而且叶子也变绿了,于是他复购了一堆同样的肥料。可没过几天,县里的农业主管部门的人员就来到家中,告诉老王不要再使用这种肥料了,这是“激素肥”,用了对农作物只有坏处,没有好处,还会污染土壤,之前卖肥料的人,已经被警方控制了。老王想:不对啊,地里的蔬菜确实长得更好了,怎么会有坏处,肥料不是想怎么用就怎么用吗?怎么还把卖肥料的人抓起来了?

### 法律分析

“激素肥”,是用劣质肥料原料复配乙烯利、赤霉素、复硝酚钠、胺鲜酯、芸苔素内酯、萘乙酸钠和多效唑等化学激素制成的肥料。这种肥料主要是激素起作用,而氮磷钾中微量元素含量较少。激素肥使用1天至2天内植株叶片就会变绿变厚,植株长势特别旺盛,广大老百姓不了解,感觉价格便宜、效果明显,所以非常容易上当。

使用这种激素肥,虽然早期能看见成效,但后期很有

笔记区

可能出现早衰、叶片黄化掉落、畸形果等现象;同时,大量激素残留还会直接污染土壤环境,对人类健康造成威胁。农业农村部办公厅在《关于肥料产品检测出农药成分适用法律问题的复函》中强调,"肥料与农药的混合物,包括肥料产品中含有农药成分的,应当作为农药进行管理。根据国务院《农药管理条例》第44条第2款之规定,未取得农药登记证生产的农药,按照假农药处理"。这意味着在仅登记为肥料的产品中,检测出农药成分的理应当作假冒产品处理,特别是肥料中违法添加植物生长调节剂等农药成分的,一律按假农药进行处理。销售这类假农药的经营者,都将面临罚款,情节严重的,还将被追究刑事责任。

## 知识链接

**国务院《农药管理条例》**

**第四十四条**　有下列情形之一的,认定为假农药:

(一)以非农药冒充农药;

(二)以此种农药冒充他种农药;

(三)农药所含有效成分种类与农药的标签、说明书标注的有效成分不符。

禁用的农药,未依法取得农药登记证而生产、进口的农药,以及未附具标签的农药,按照假农药处理。

**第五十二条第一款**　未取得农药生产许可证生产农

笔记区

药或者生产假农药的，由县级以上地方人民政府农业主管部门责令停止生产，没收违法所得、违法生产的产品和用于违法生产的工具、设备、原材料等，违法生产的产品货值金额不足1万元的，并处5万元以上10万元以下罚款，货值金额1万元以上的，并处货值金额10倍以上20倍以下罚款，由发证机关吊销农药生产许可证和相应的农药登记证；构成犯罪的，依法追究刑事责任。

## 纠纷解决技巧

有些农民觉得正规企业生产的水溶肥使用后见效慢，专门用见效快的激素水溶肥，对于这类农民，应当告知他们使用激素肥后蔬菜可能会面临的危害。有些农民属于被欺骗才购置了激素肥，对于这类农民，应当注意安抚他们的情绪；同时，向农业主管部门进行举报，将假农药的生产经营者绳之以法。

## 试题

下列关于激素肥的说法，正确的是（　　）。[1]

A. 激素肥是一类见效很快的肥料，农民朋友应当大量采购

B. 按照现有法律规定，激素肥就是假农药，如果买到，

① 答案：B。

笔记区

应当及时举报

C. 激素肥是一种新型环境友好型肥料,推广其使用能起到保护环境的效果

D. 激素肥的价格较普通肥料更为便宜,性价比更高,政府部门应对这种肥料进行更大的扶持

笔记区

## 40. 可以在山林里野炊、烧烤吗?

### 案例

周末老王的孙子、孙女从城里回来,老王想:孩子上学都挺累,在城里也没地方去玩,回老家了,我得带着他们好好玩。于是他对孩子们说:“爷爷今天带你们去山上玩怎么样?”孙子问:“山上有什么好玩的?爬山也太累了。”老王回答道:“山上好玩的可多了,咱们带上蔬菜和肉,爷爷带你们烧烤去,给你们烤羊肉串!”孙子、孙女听后非常开心,“我们从来没烧烤过,爷爷咱们走吧”。到了山上,老王支好了烤架,开始点火预热。不一会儿护林员小张来了,连忙制止老王:“王叔,快把火灭了,现在是森林防火期,不能野外用火。”老王问:“小伙子,我就烤几块肉,一会儿就灭了,不会影响森林防火。”小张着急了:“王叔,你不知道一根没灭的烟都可能引发大火吗?森林防火不能掉以轻心。您在防火期用火,这是违法行为,警察来了,可是要罚款的!”老王听到警察来还要罚款,心想:为这几个烤串不值当,于是把烧烤工具收起来了。

笔记区

## 法律分析

户外烧烤、野炊是居民休闲娱乐的一种方式,但是野外用火产生油烟污染空气,还可能会引发森林火灾,所以国家法律禁止单位和个人在森林防火期内野外用火。在本案中,在森林防火期内,老王在林里用火烧烤食品是法律禁止的行为,监管部门可以对违法行为给予警告或罚款,如果烧烤失火,毁坏山林,还可能触犯《中华人民共和国刑法》,给自己带来牢狱之灾。因此,居民在户外休闲娱乐时,要严格遵守森林防火规定,在防火区不能有吸烟、烧烤等违反法律法规的行为。

## 知识链接

**《中华人民共和国大气污染防治法》**

**第八十一条第三款** 任何单位和个人不得在当地人民政府禁止的区域内露天烧烤食品或者为露天烧烤食品提供场地。

**第一百一十八条第三款** 违反本法规定,在当地人民政府禁止的时段和区域内露天烧烤食品或者为露天烧烤食品提供场地的,由县级以上地方人民政府确定的监督管理部门责令改正,没收烧烤工具和违法所得,并处五百元以上二万元以下的罚款。

笔记区

**国务院《森林防火条例》**

**第二十五条第一句**　森林防火期内，禁止在森林防火区野外用火。

**第五十条**　违反本条例规定，森林防火期内未经批准擅自在森林防火区内野外用火的，由县级以上地方人民政府林业主管部门责令停止违法行为，给予警告，对个人并处200元以上3000元以下罚款，对单位并处1万元以上5万元以下罚款。

**《中华人民共和国刑法》第一百一十五条**　放火、决水、爆炸以及投放毒害性、放射性、传染病病原体等物质或者以其他危险方法致人重伤、死亡或者使公私财产遭受重大损失的，处十年以上有期徒刑、无期徒刑或者死刑。

过失犯前款罪的，处三年以上七年以下有期徒刑；情节较轻的，处三年以下有期徒刑或者拘役。

### 纠纷解决技巧

山火无情，一旦发生，后果不堪设想，对人民群众的生命财产安全都会带来极大的威胁。因此，地方政府有关部门应当以有效的方式公布地区防火期以及防火区域，及时告知周边村民森林防火期的注意事项，并对森林防火相关法律法规进行宣传普及，提高公众的知晓度；同时，在火灾频发时期和区域，应当加大执法力度，及时遏制、处罚野外非法用火行为,从源头上做好森林火灾防控,保护森林资源,守护居民的生命财产安全。

笔记区

**试题**

对在山林里野炊、烧烤失火的行为,最严重会给予何种处罚?( )①

A. 接受批评教育

B. 没收工具和违法所得,并处 2 万元以下罚款

C. 责令停止违法行为,并处 5 万元以下罚款

D. 造成重大损失的,处以刑罚

---

① 答案:D。

笔记区

## 41. 用焚烧的方式处理田里杂草是否可行?

### 案例

春耕生产前，农村田间地头不免有些枯草，农民为了方便省事，便点火焚烧杂草。但是露天焚烧枯草会产生大量烟尘污染环境，甲县生态环境部门、公安部门进行联合执法，派工作人员到村庄里巡查。工作人员到了幸福村，发现村民老张正在焚烧地里的杂草，便上前劝阻："叔，赶紧把火灭了吧，露天焚烧枯草是违法的，最近天干风大，火势要是控制不住，那就闯了大祸了。"老张一看这阵势，赶紧扑灭了火，"同志，这马上要耕种了，我想着把地里的杂草处理一下，我家劳力少，图省事，就想点火烧了"。工作人员对老张说："叔您说的情况我们能理解，但是按照法律规定，露天烧秸秆、烧枯草、烧落叶，这些都是违法行为，您图一时省事，违反了法律规定，可能会被罚款，要是造成了大气污染事故，或者失火烧了别人的屋子，那就涉嫌犯罪了，后果相当严重。"

### 法律分析

农耕前，田间地头的杂草处理也是让村民犯难的事。简单焚烧虽然省事，但会产生大量烟尘，污染大气环境，而

笔记区

且在气候干燥的地区,随意焚烧可能会引发大火,危及人民群众的生命财产安全。《中华人民共和国大气污染防治法》规定禁止露天焚烧秸秆、枯草、落叶等会产生烟尘污染的物质,违法者可能会被处以罚款。如果过失引发火灾,造成严重损害,还可能会以"失火罪"进行刑事处罚。因此,村民不能为图一时方便,却埋下了违法犯罪的隐患。

## 知识链接

**《中华人民共和国大气污染防治法》**

**第七十七条** 省、自治区、直辖市人民政府应当划定区域,禁止露天焚烧秸秆、落叶等产生烟尘污染的物质。

**第一百一十九条第一款** 违反本法规定,在人口集中地区对树木、花草喷洒剧毒、高毒农药,或者露天焚烧秸秆、落叶等产生烟尘污染的物质的,由县级以上地方人民政府确定的监督管理部门责令改正,并可以处五百元以上二千元以下的罚款。

**《中华人民共和国刑法》第一百一十五条** 放火、决水、爆炸以及投放毒害性、放射性、传染病病原体等物质或者以其他危险方法致人重伤、死亡或者使公私财产遭受重大损失的,处十年以上有期徒刑、无期徒刑或者死刑。

过失犯前款罪的,处三年以上七年以下有期徒刑;情节较轻的,处三年以下有期徒刑或者拘役。

笔记区

## 纠纷解决技巧

每年耕种时期,农村地区可能会集中出现焚烧枯草、秸秆、落叶等行为,从而造成较严重的大气污染,严重时还会导致山林、房屋失火,酿成悲剧。因此,各地政府应当在耕种时节,加强执法巡逻,严厉查处违法焚烧行为;同时,也要运用财政、税收等方式支持杂草、秸秆回收利用技术研发和推广,帮助农民更便捷地处理田间杂草。此外,还要加强在农村地区的环保、森林防火相关法律法规宣传,让村民们充分了解和理解禁烧的环保作用和安全意义,从源头上减少违法行为产生。

## 试题

田间地头有哪些东西是可以露天焚烧的?(　　)①

A. 杂草　　　　B. 秸秆

C. 落叶　　　　D. 以上都不行

① 答案:D。

笔记区

## 42. 出售自家的树木违法吗？

### 案例

村民王某将自留山上两棵野生红椿树以 2000 元的价格出售给好友李某，随后李某在未办理采伐许可证的情况下私自砍伐两棵红椿树并制作成材。2 人被甲县人民检察院以危害国家重点保护植物罪提起公诉。经鉴定，被出售的两棵野生红椿是被列入国家林业和草原局、农业农村部《国家重点保护野生植物名录》中的国家二级重点保护野生植物。法院审理后认为，王某、李某违反国家规定，非法出售、砍伐两棵野生红椿的行为构成危害国家重点保护植物罪，均被判处有期徒刑 2 年，缓刑 3 年，并处罚金 1 万元。

### 法律分析

村民对自留山享有使用权，可以在自留山种植林木，但并非可以随意处置自留山上的林木。在本案中，王某的自留山上自然生长的野生红椿树是国家二级重点保护野生植物，国家限制对其进行出售、采伐。根据《中华人民共和国野生植物保护条例》的规定，出售、收购国家二级保护野生植物必须经相关行政主管部门或者其授权机构批准。王某、李某在没有经省级野生植物主管部门或者其授权机

笔记区

构批准可以出售、采伐的情况下，擅自将生长在自家自留地的野生红椿树出售、采伐违反了上述规定，属于违法行为。根据最高人民检察院、公安部《关于公安机关管辖的刑事案件立案追诉标准的规定(一)》，违反国家规定，非法采伐、毁坏、出售珍贵树木或者国家重点保护的其他植物的，应予立案追诉。也就是说，非法采伐或者出售一棵国家重点保护植物，就可以立案追诉。而至于非法采伐或者出售多少棵国家重点保护植物、获利多少，则是量刑时的考虑因素。因此，根据《中华人民共和国刑法》规定，本案中的王某和李某非法出售、砍伐两棵野生红椿的行为构成危害国家重点保护植物罪，分别被判处刑罚。

**知识链接**

**《中华人民共和国野生植物保护条例》第十八条** 禁止出售、收购国家一级保护野生植物。

出售、收购国家二级保护野生植物的，必须经省、自治区、直辖市人民政府野生植物行政主管部门或者其授权的机构批准。

**《中华人民共和国森林法》**

**第二十条第二款** 农村居民在房前屋后、自留地、自留山种植的林木，归个人所有。城镇居民在自有房屋的庭院内种植的林木，归个人所有。

**第五十六条第一款** 采伐林地上的林木应当申请采伐许可证,并按照采伐许可证的规定进行采伐;采伐自然保护区以外的竹林,不需要申请采伐许可证,但应当符合林木采伐技术规程。

**第五十七条第三款** 农村居民采伐自留山和个人承包集体林地上的林木,由县级人民政府林业主管部门或者其委托的乡镇人民政府核发采伐许可证。

**《中华人民共和国刑法》第三百四十四条** 违反国家规定,非法采伐、毁坏珍贵树木或者国家重点保护的其他植物的,或者非法收购、运输、加工、出售珍贵树木或者国家重点保护的其他植物及其制品的,处三年以下有期徒刑、拘役或者管制,并处罚金;情节严重的,处三年以上七年以下有期徒刑,并处罚金。

**最高人民检察院、公安部《关于公安机关管辖的刑事案件立案追诉标准的规定(一)》**

**第七十条** [非法采伐、毁坏国家重点保护植物案(刑法第三百四十四条)]违反国家规定,非法采伐、毁坏珍贵树木或者国家重点保护的其他植物的,应予立案追诉……

**第七十一条** [非法收购、运输、加工、出售国家重点保护植物、国家重点保护植物制品案(刑法第三百四十四条)]违反国家规定,非法收购、运输、加工、出售珍贵树木或者国家重点保护的其他植物及其制品的,应予立案

笔记区

追诉。

**纠纷解决技巧**

卖掉自己自留山上的树木却构成犯罪,这与大多数村民的日常认知存在差异。国家鼓励村民积极植树造林,合法经营自留山,但村民行使自留上的林木所有权也是有限制的。村民自留地或自留山上生长的树木,一般是属于自己的私有财产。但有些村民的自留地或者自留山上可能自发生长出了国家重点保护野生植物,这是不能随意采伐的。如果村民无法确定某一植物是普通树木还是重点保护野生植物,可以咨询林业主管部门。而且,根据《中华人民共和国森林法》的规定,采伐林地上的林木应当申请采伐许可证,并按照采伐许可证的规定进行采伐。在实践中,有些村民确实不知道哪些是国家重点保护植物,因此,政府相关部门也要加大普法宣传力度,根据地方野生植物分布情况,提高村民对于重点保护植物范围及相关出售、采伐法律法规的知晓度。

试题

笔记区

关于采伐、出售自家树木,以下哪种情形是合法的?( )[1]

A. 在未办理采伐许可证的情况下砍树造材

B. 出售、采伐自留山上的国家保护植物

C. 办理采伐许可证后按规采伐自留山林木

D. 随意采伐

① 答案:C。

笔记区

## ▶ 43. 砍伐自家种的树需要获得有关部门审批吗？

### 案例

老王之前在山里承包了一片山林，考虑到种地收入并不是太好，就购买了一批树苗，栽种在他承包的山林之中。如今，这些树木已经成熟，老王便雇了几个工人开始砍伐。本想着可以通过把这些树木卖出去获得一笔收入，但老王却被抓了，而且还被处以了罚款。许多村民都为老王感到气愤：这不是老王自己种的树吗，为什么不能砍，难道砍自家种的树还需要获得有关部门的审批吗？

### 法律分析

在我国，林木的所有权、使用权和采伐权是相分离的。即便林木是自己种植的，在自留山或个人承包的林地采伐林木，也需要向主管部门申请采伐许可证，不申请许可证就随意采伐林木，可能构成滥伐林木罪。即便取得了许可，如果违背采伐证所规定的地点、数量、树种、方式而任意采伐，也属于违法行为，严重者，同样构成滥伐林木罪。有关哪些情形需要向主管部门申请采伐许可证，在 2020 年 7 月 1 日正式施行的修订后的《中华人民共和国森林

笔记区

法》规定:采伐林地上的林木需要申请采伐许可证;采伐自然保护区以外的竹林,不需要申请采伐许可证,但应当符合林木采伐技术规程;采挖移植林木按照采伐林木管理。非林地上的农田防护林、防风固沙林、护路林、护岸护堤林和城镇林木等的更新采伐,由林业主管部门按照有关规定管理;采伐其他非林地上的林木,以及农村居民采伐自留地和房前屋后个人所有的零星林木,不需要申请采伐许可证。

## 知识链接

**《中华人民共和国森林法》第五十六条** 采伐林地上的林木应当申请采伐许可证,并按照采伐许可证的规定进行采伐;采伐自然保护区以外的竹林,不需要申请采伐许可证,但应当符合林木采伐技术规程。

农村居民采伐自留地和房前屋后个人所有的零星林木,不需要申请采伐许可证。

非林地上的农田防护林、防风固沙林、护路林、护岸护堤林和城镇林木等的更新采伐,由有关主管部门按照有关规定管理。

采挖移植林木按照采伐林木管理。具体办法由国务院林业主管部门制定。

禁止伪造、变造、买卖、租借采伐许可证。

笔记区

**《中华人民共和国刑法》第三百四十五条第二款** 违反森林法的规定，滥伐森林或者其他林木，数量较大的，处三年以下有期徒刑、拘役或者管制，并处或者单处罚金；数量巨大的，处三年以上七年以下有期徒刑，并处罚金。

## 纠纷解决技巧

虽然《中华人民共和国森林法》对哪类地块上的采伐需要申请许可证，哪类地块上的采伐不需要申请许可证，作了具体细致的规定，但对于大多数人来说，这种分类过于复杂。因此，建议村民有砍树需求时，均先提前报至村民委员会，由村民委员会向林业主管部门进行咨询，再反馈至需要砍树的个人，以免因“无心之失”造成损失。

## 试题

下列有关采伐许可证的说法中，正确的一项是（　　）。①

A. 砍伐自家种植的树，一定要申请采伐许可证

B. 砍伐自家种植的树，根本不需要申请采伐许可证

C. 砍伐自家种植的树，有时需要申请采伐许可证

D. 只要有了采伐许可证，就可以任意对林木进行采伐

① 答案：C。

笔记区

## 44. 失火引起森林火灾，如何承担责任？

### 案例

老王一家人去树林中野炊，由于临走前没有将火完全扑灭，导致防护林大面积着火。由于风势较大，山火迅速蔓延。灾难发生后，为防止林火威胁百姓安全，县上的消防队立即前往山林，火速救援。令人遗憾的是，由于山火过大，有两位消防员在扑灭山火的过程中不幸丧生。专案调查组很快查清了山火的起因，并将老王控制了起来，老王也非常慌张，“不就是吃了个饭吗，这怎么还死了两个人啊”。不知道等待他的将会是怎样的处罚。

### 法律分析

森林火灾，后果严重。祭祀烧纸、放火烧荒、扔掉没有掐灭的烟头、在森林中烧烤等行为，都有可能在无意间遗留山火的火种，酿成大祸。为了有效预防和扑救森林火灾，保障人民生命财产安全，保护森林资源，大多数森林均设有防火期。根据国务院《森林防火条例》的规定，在森林防火期内违规用火的个人，将会被处 200 元以上，3000 元以下的罚款。而一旦在森林中用火引发森林火灾，则可能面临刑事处罚。《中华人民共和国刑法》第 115 条第 2 款

笔记区

规定了失火罪,最高人民检察院、公安部《关于公安机关管辖的刑事案件立案追诉标准的规定(一)》更是对失火罪的立案追诉标准进行了详尽说明。在本案中,由于该火灾已导致死亡两人,老王的行为将被立案追诉,极有可能判定其构成失火罪。即使在没有满足立案追诉的标准,不用承担刑事责任的情况下,根据国务院《森林防火条例》的规定,失火者也需要承担赔偿责任甚至补种树木。

**知识链接**

**《中华人民共和国刑法》第一百一十五条** 放火、决水、爆炸以及投放毒害性、放射性、传染病病原体等物质或者以其他危险方法致人重伤、死亡或者使公私财产遭受重大损失的,处十年以上有期徒刑、无期徒刑或者死刑。

过失犯前款罪的,处三年以上七年以下有期徒刑;情节较轻的,处三年以下有期徒刑或者拘役。

**国务院《森林防火条例》**

**第五十条** 违反本条例规定,森林防火期内未经批准擅自在森林防火区内野外用火的,由县级以上地方人民政府林业主管部门责令停止违法行为,给予警告,对个人并处200元以上3000元以下罚款,对单位并处1万元以上5万元以下罚款。

**第五十三条** 违反本条例规定,造成森林火灾,构成犯罪的，依法追究刑事责任；尚不构成犯罪的，除依照本条例第四十八条、第四十九条、第五十条、第五十一条、第五十二条的规定追究法律责任外，县级以上地方人民政府林业主管部门可以责令责任人补种树木。

**最高人民检察院、公安部《关于公安机关管辖的刑事案件立案追诉标准的规定(一)》第一条第一款 【失火案(刑法第一百一十五条第二款)】**过失引起火灾，涉嫌下列情形之一的，应予立案追诉：

(一)造成死亡一人以上，或者重伤三人以上的；

(二)造成公共财产或者他人财产直接经济损失五十万元以上的；

(三)造成十户以上家庭的房屋以及其他基本生活资料烧毁的；

(四)造成森林火灾，过火有林地面积二公顷以上，或者过火疏林地、灌木林地、未成林地、苗圃地面积四公顷以上的；

(五)其他造成严重后果的情形。

## 纠纷解决技巧

森林用火，必须注意用火安全，无论有意无意，一旦造成严重损失和后果，就将会承担法律责任。平时应加强宣传，让村民不要携带火种进山，不在林区吸烟，不要在林区

笔记区

内上香、烧纸，不要烧荒、烧田埂草、堆烧等，保护森林，也保护自己。

**试题**

下列有关森林内用火及森林火灾的说法，错误的一项是（　　）。[①]

A. 如果在森林中用火引发了森林火灾，可能面临刑事处罚

B. 如果在森林中用火引发了森林火灾，一定面临刑事处罚

C. 如果在森林中用火引发了森林火灾，可能要补种树木

D. 森林防火期内，在森林中用火，即使没有引发火灾，也有可能面临罚款

---

① 答案：B。

笔记区

## 45. 可以随便采摘野花吗?

### 案例

一天,老赵头来到山上挖野菜,看到一株野花,叶片纤长,花朵雅致可人,在一众杂草野菜中傲然盛放。老赵头有些好奇,一边欣赏一边想:这么好看的花,正好挖回去种在院子里,也让老婆子高兴高兴。他拿手中的铲子,将野花连根挖起,装在背篓里,连同野菜一起带回了家。这美丽的花果然引来家人连连赞叹,让老赵头十分骄傲。没过多久,周围邻里乡亲便闻讯都来赵家看这束"奇花"。但此时,人群中在村里中学教生物的邢老师,却赶紧同老赵头说:"这花是国家保护植物,绝对不能采!您这样做可是犯法的。"老赵头一听慌了神:"这不就是束野花吗?摘野花怎么还违法了?"

### 法律分析

一些看似普通的"野花""野草"实际上可能十分珍贵,具有重要的生态、科研、文化价值,甚至还是濒危、稀有植物。这些植物的自然生长对生态环境保护具有重要意义,因此法律给予它们特殊的保护。《中华人民共和国野生植物保护条例》明确规定,国家一级和二级保护野生植

笔记区

物是不能随意采摘的，如果由于特殊需要进行采集工作，要先向法律规定的行政机关申请采集证。生活中，常有老百姓因法律知识不足，随意采摘花草，导致误采国家保护野生植物；甚至有人为了高昂经济利益，明知故犯，心存侥幸，为了售卖采摘珍稀野生植物。一旦在未取得采集证的情况下，采摘了国家重点保护野生植物名录中的“野草”“野花”，不仅可能被处以罚款，还可能触犯刑法，情节严重的会被判处3年以上7年以下有期徒刑。

### 知识链接

**《中华人民共和国野生植物保护条例》**

**第十六条第一款** 禁止采集国家一级保护野生植物。因科学研究、人工培育、文化交流等特殊需要，采集国家一级保护野生植物的，应当按照管理权限向国务院林业行政主管部门或者其授权的机构申请采集证；或者向采集地的省、自治区、直辖市人民政府农业行政主管部门或者其授权的机构申请采集证。

**第二十三条** 未取得采集证或者未按照采集证的规定采集国家重点保护野生植物的，由野生植物行政主管部门没收所采集的野生植物和违法所得，可以并处违法所得10倍以下的罚款；有采集证的，并可以吊销采集证。

**《中华人民共和国刑法》第三百四十四条** 违反国家

笔记区

规定，非法采伐、毁坏珍贵树木或者国家重点保护的其他植物的，或者非法收购、运输、加工、出售珍贵树木或者国家重点保护的其他植物及其制品的，处三年以下有期徒刑、拘役或者管制，并处罚金；情节严重的，处三年以上七年以下有期徒刑，并处罚金。

## 纠纷解决技巧

增强村民野生植物保护意识，要在日常生活中多做法律知识和科学知识的普及工作。“法律明白人”可以将介绍植物的海报、挂图等张贴在宣传栏、活动室，让大家能随时随地接触到相关知识，学会辨认当地可能出现的国家或地方保护野生植物。同时，也需要提醒大家，在野外采挖野菜、野花时，避开自己不熟悉的品种，防止误采珍稀植物，触犯法律；对于珍稀野生植物，要加以保护，决不能为了经济利益非法采挖。当地野生植物行政主管部门需要履行职责，对国家和地方重点保护野生植物天然集中分布的地区，应当依法建立自然保护区、保护点或设立保护标志，加强对相关野生植物的保护。此外，还要开展保护野生植物的宣传教育，普及野生植物知识，提高公民保护野生植物的意识。通过这些工作，也让村民能够知晓这些野生植物的分布和外观特征，避免发生误采情形。

笔记区

**试题**

关于野生植物保护，下列说法正确的是（　　）。[1]

A. 野生植物不属于任何人所有，可以随意采摘

B. 值钱的国家重点保护野生植物，可以采挖出售

C. 建设项目带来的经济收益高即可开建，不需要考虑对野生植物的影响

D. 任何单位和个人都有保护野生植物资源的义务，对破坏野生植物的行为有权检举和控告

---

① 答案：D。

笔记区

## ▶ 46. 可以砍伐公益林里的林木吗?

### 案例

最近,为了置办年货,老王手头有点紧。这天回家的路上,他发现村里公益林里的树木特别多,于是他心生一计:不如我偷偷砍几棵树拿去卖了,反正这么多树别人也发现不了。他马上回家将这个计划告诉了妻子,并让妻子帮他望风,但老王的妻子痛斥了老王一顿,告诉他砍伐公益林里的林木可能会被判刑。老王虽然嘴巴上说着不可能,但还是老老实实地翻阅起了相关资料。

### 法律分析

森林是陆地生态系统的主体和重要资源,是人类生存发展的重要生态屏障。根据《中华人民共和国森林法》的规定,国家根据生态保护的需要,将森林生态区位重要或者生态状况脆弱,以发挥生态效益为主要目的的林地和林地上的森林划定为公益林。随着"生态优先,保护优先"观念的普及,我国对公益林的保护程度只增不减。《中华人民共和国森林法》中明确规定,公益林只能进行抚育、更新和低质低效林改造性质的采伐;但是,因科研或者实验、防治林业有害生物、建设护林防火设施、营造生物防火隔离带、遭受自然灾害等需

笔记区

要采伐的除外。在原国家林业局、财政部《国家级公益林管理办法》中,对公益林的砍伐提出了更加细致的解释,一级国家公益林不得砍伐,二级国家公益林可以适当砍伐。但像本案中老王以牟利为目的,砍伐公益林,是绝对不被法律允许的。

## 知识链接

**《中华人民共和国森林法》**

**第四十七条** 国家根据生态保护的需要,将森林生态区位重要或者生态状况脆弱,以发挥生态效益为主要目的的林地和林地上的森林划定为公益林。未划定为公益林的林地和林地上的森林属于商品林。

**第五十五条第一项** 采伐森林、林木应当遵守下列规定:

(一)公益林只能进行抚育、更新和低质低效林改造性质的采伐。但是,因科研或者实验、防治林业有害生物、建设护林防火设施、营造生物防火隔离带、遭受自然灾害等需要采伐的除外。

……

**原国家林业局、财政部《国家级公益林管理办法》**

**第十二条第一款** 一级国家级公益林原则上不得开展生产经营活动,严禁打枝、采脂、割漆、剥树皮、掘根等行为。

**第十三条第一款** 二级国家级公益林在不影响整体森林生态系统功能发挥的前提下,可以按照第十二条第三款相关技术规程的规定开展抚育和更新性质的采伐。在不破坏森林植被的前提下,可以合理利用其林地资源,适度开展林下种植养殖和森林游憩等非木质资源开发与利用,科学发展林下经济。

笔记区

### 纠纷解决技巧

发展经济十分重要,但我们不能只要金山银山却不要绿水青山。破坏天然公益林的行为不仅会破坏森林资源,更会侵害生态环境,致使社会公共利益受到损害。因此,若是发现有村民在防护林中进行砍伐,应当及时制止;平日里也多加强对森林资源重要性的宣传,帮助村民们认识到公益林的好处。

### 试题

下列有关公益林的说法,不正确的一项是(　　)。[①]

A. 公益林具有重要的生态价值,需要被"特别"保护

B. 对公益林进行抚育、更新和低质低效林改造性质的采伐是法律允许的,但以个人牟利为目的对公益林进行采伐是不被法律允许的

C. 因科研或者实验、防治林业有害生物、建设护林防火设施、营造生物防火隔离带、遭受自然灾害等需要采伐

D. 因发展经济实力,扩大耕地面积,可以采伐公益林,占用公益林地

---

① 答案:D。

笔记区

## 47. 可以在竹林地种植其他作物吗?

### 案例

秦叔承包了村里的一片竹林。这段时间,市场上竹子行情不佳,赚钱不多。秦叔看到鲜花市场需求量大,价格水涨船高,便想雇些工人帮忙砍了竹子,改种鲜花。一天,秦叔带着雇工从竹林伐了竹,在收工回家的路上遇见了邻居家的年轻人小张,便和他兴致勃勃地讲起种鲜花的计划。小张听了秦叔的打算,却摇摇头说:"叔,竹林是森林的一类,竹林地是不能拿来种别的作物的。您这种在竹林地种花的行为是违法的,还可能因此罚款!"秦叔听了这话有些惊讶,问道:"整片竹林都已经由我承包了,怎么还不能让我决定在竹林地里种什么东西?"

### 法律分析

竹子属于林木的一种,不仅具有重要的经济价值,还有极高的生态价值。竹林在涵养水源、固碳释氧、保持水土、净化空气和保护生物多样性方面都发挥着突出的作用。《中华人民共和国森林法》将竹林纳入保护范围。依照《中华人民共和国森林法》规定,竹林的所有者和使用者应当依法保护和合理利用竹林、竹子和竹林地,不能非法变更竹林地的用途,不得毁坏竹林、竹子和竹林地。在本案中,秦叔不了解法律,为了追求经济利益,决定在竹林地上种植鲜花,属于擅自变更竹林地的用途,违反了法律规定。这种情形下,当地县级以上林业主管部门需要责令秦叔限期恢复植被和林业生产条件,还可以对他处以恢复植被和林业生产条件所需费用3倍以下的罚款。

笔记区

## 知识链接

**《中华人民共和国森林法》**

**第十五条第三款** 森林、林木、林地的所有者和使用者应当依法保护和合理利用森林、林木、林地,不得非法改变林地用途和毁坏森林、林木、林地。

**第七十三条第一款** 违反本法规定,未经县级以上人民政府林业主管部门审核同意,擅自改变林地用途的,由县级以上人民政府林业主管部门责令限期恢复植被和林业生产条件,可以处恢复植被和林业生产条件所需费用三倍以下的罚款。

**第八十三条** 本法下列用语的含义是:

(一)森林,包括乔木林、竹林和国家特别规定的灌木林。按照用途可以分为防护林、特种用途林、用材林、经济林和能源林。

(二)林木,包括树木和竹子。

笔记区

（三）林地，是指县级以上人民政府规划确定的用于发展林业的土地。包括郁闭度0.2以上的乔木林地以及竹林地、灌木林地、疏林地、采伐迹地、火烧迹地、未成林造林地、苗圃地等。

## 纠纷解决技巧

森林保护无小事，生态建设靠大家。对于竹林的承包人，“法律明白人”首先要向他们明确，竹林属于森林，是需要依照《中华人民共和国森林法》的规定进行保护的。此外，还要为各种经济用材林的承包人普及《中华人民共和国森林法》的知识，让他们在生产过程中注意保护森林资源，合理使用林地，不能为了追求更高经济收益就擅自变更林地用途。对于当地群众，可以通过普法的方式，汇聚民力助力绿水青山的保护，号召他们共同打击违反《中华人民共和国森林法》的行为，让大家积极向有关部门举报破坏森林、林地的行为。当地政府也需要加强监管，对森林资源的保护、修复、利用和更新等进行监督检查，依法查处破坏森林资源等的违法行为。

### 试题

笔记区

关于竹林的利用,下列说法不正确的是(　　)。[1]

A. 不得采伐封山育林期、封山育林区内的竹林

B. 竹林经营者应当履行保护、培育森林资源的义务

C. 可以随意砍伐竹林建设民宅或工厂

D. 竹林使用者不得改变林地用途

① 答案:C。

笔记区

## 48. 开垦“荒地”种粮食违法吗？

### 案例

魏村村旁有一片“荒地”。“荒地”旁边有自然保护区的标识，地里生长着各种植物，有时还会有野生动物出没。村里老魏觉得这块好地就这么“撂荒”实在是浪费，便决定自己“开荒”，把地里的植物除去，翻土整地种上庄稼。为此，老魏特意租好农用机械，起了个大早，来到“荒地”除草开垦。看着“杂草”被连根拔起，肥沃的土地逐渐显露出来，老魏心里美滋滋的，觉得自己开荒种粮也是做了件节约土地资源、增加粮食产量的好事。这时，当地生态环境局的工作人员正好前来巡查，立刻让老魏停下机械，并严肃地说：“您这可不是在开荒，而是在破坏。这块地属于自然保护区，是不能开垦的。我们得对您作出处罚。”老魏感到疑惑，自己好心“开荒”，怎么反倒违法了？

### 法律分析

自然保护区，是对有代表性的自然生态系统、珍稀濒危野生动植物物种的天然集中分布区、有特殊意义的自然遗迹等保护对象所在的陆地、陆地水体或者海域，依法划出一定面积予以特殊保护和管理的区域。《中华人民共和

笔记区

国自然保护区条例》以促进生态保护为目的，专门用于规范自然保护区的建设和管理。《中华人民共和国自然保护区条例》明令禁止违法在自然保护区内开垦。在本案中，老魏以为自己在“开荒”是节约土地资源，实则违反了法律规定，破坏了生态环境。他不仅会因此受到行政处罚，还需要限期恢复原状或采取其他补救措施；如果造成自然保护区被破坏，还可能需要缴纳罚款。需要注意的是，我国在2020年修正的《中华人民共和国刑法》中，新增加了“破坏自然保护地罪”。如果违反自然保护地管理法规在自然保护地进行开垦，造成严重后果或有其他恶劣情节，将会受到刑事处罚。

## 知识链接

**《中华人民共和国自然保护区条例》**

**第十八条**　自然保护区可以分为核心区、缓冲区和实验区。

自然保护区内保存完好的天然状态的生态系统以及珍稀、濒危动植物的集中分布地，应当划为核心区，禁止任何单位和个人进入；除依照本条例第二十七条的规定经批准外，也不允许进入从事科学研究活动。

核心区外围可以划定一定面积的缓冲区，只准进入从事科学研究观测活动。

笔记区

缓冲区外围划为实验区,可以进入从事科学试验、教学实习、参观考察、旅游以及驯化、繁殖珍稀、濒危野生动植物等活动。

原批准建立自然保护区的人民政府认为必要时,可以在自然保护区的外围划定一定面积的外围保护地带。

**第二十六条** 禁止在自然保护区内进行砍伐、放牧、狩猎、捕捞、采药、开垦、烧荒、开矿、采石、挖沙等活动;但是,法律、行政法规另有规定的除外。

**第三十五条** 违反本条例规定,在自然保护区进行砍伐、放牧、狩猎、捕捞、采药、开垦、烧荒、开矿、采石、挖沙等活动的单位和个人,除可以依照有关法律、行政法规规定给予处罚的以外,由县级以上人民政府有关自然保护区行政主管部门或者其授权的自然保护区管理机构没收违法所得,责令停止违法行为,限期恢复原状或者采取其他补救措施;对自然保护区造成破坏的,可以处以300元以上1万元以下的罚款。

**《中华人民共和国刑法》第三百四十二条之一第一款**

违反自然保护地管理法规,在国家公园、国家级自然保护区进行开垦、开发活动或者修建建筑物,造成严重后果或者有其他恶劣情节的,处五年以下有期徒刑或者拘役,并处或者单处罚金。

笔记区

## 纠纷解决技巧

自然保护区往往有重要的生态价值,是宝贵的自然财富,绝不是表面上的“荒地”。为了加强对自然保护区的保护,“法律明白人”要向乡亲们普及自然保护区管理法规。如果当地距离自然保护区较近,还要给大家指明自然保护区界线,教大家辨认相关标识,让人们对何为自然保护区、哪里是自然保护区做到心中有数。一旦发现破坏自然保护区的行为,需要及时制止,并上报有关部门处理。当地环境保护部门也需要履行职责,通过组织居民参观自然保护区实验区、普及自然保护知识等方式,让大家认识到自然保护区的价值,做到知法守法。对破坏自然保护区的行为,要加以打击,绝不能纵容为了经济利益破坏生态的行为。

## 试题

关于自然保护区,下列说法正确的是(　　)。[①]

A. 可以前往自然保护区核心区和缓冲区旅游

B. 自然保护区里生长着很多珍贵药材,可以采挖

C. 不得擅自移动或破坏自然保护区界标

D. 可以在自然保护区内捕鱼

---

① 答案:C。

笔记区

## ▶ 49. 可以一直增加草场上的放牧数量吗?

### 案例

李大叔是草原上的牧民。近年来,草原生态不断改善,牧草长势好,牲畜又肥又壮,给李大叔家增加了不少收入。今年卖掉了家里养的牛羊后,李大叔打算明年再增加一些牲畜数量。他把自己的想法告诉了在当地林草局工作的儿子小李。可是小李却说,增加草场上放牧的牲畜数量需要符合规定的草原载畜量;如果盲目增加,会破坏草原生态,而且会违反法律规定。借此,小李向李大叔讲解了关于草畜平衡的知识。李大叔明白了,要想保持草场品质,牲畜的数量需要限制在合理范围内,这样才有助于畜牧业的可持续发展。

### 法律分析

草原对牧民具有很大的经济价值,同时也是重要的生态系统。为了保护、建设和合理利用草原,助力现代畜牧业发展,平衡生态保护和经济发展之间的关系,我国法律对草原利用有特殊规定。法律规定的一个重点便是要求草畜平衡,体现草畜平衡的重要指标就是载畜量。《中华人民共和国草原法》规定,草原承包经营者需要合理利用

笔记区

草原,不得超过草原行政主管部门核定的载畜量;草原行政主管部门应当依照国家标准,结合当地实际,定期核定草原载畜量。载畜量是放牧期内单位面积草场所能放牧的牲畜头数,是衡量草场生产能力的指标。一旦超过核定载畜量进行放牧,会导致牧草资源消耗的速度大于生长的速度,影响草场生产能力,不利于可持续发展。在本案中,李大叔想要增加自家牲畜的数量,需要符合草畜平衡规定,将牲畜数量限制在载畜量以内,不可盲目增加。如果牲畜饲养量超过了核定的载畜量,有关部门将会对这种行为作出纠正,还可能受到行政处罚。

## 知识链接

**《中华人民共和国草原法》**

**第三十三条** 草原承包经营者应当合理利用草原,不得超过草原行政主管部门核定的载畜量;草原承包经营者应当采取种植和储备饲草饲料、增加饲草饲料供应量、调剂处理牲畜、优化畜群结构、提高出栏率等措施,保持草畜平衡。

草原载畜量标准和草畜平衡管理办法由国务院草原行政主管部门规定。

**第四十五条** 国家对草原实行以草定畜、草畜平衡制度。县级以上地方人民政府草原行政主管部门应当按照

笔记区

国务院草原行政主管部门制定的草原载畜量标准，结合当地实际情况，定期核定草原载畜量。各级人民政府应当采取有效措施，防止超载过牧。

**第七十三条** 对违反本法有关草畜平衡制度的规定，牲畜饲养量超过县级以上地方人民政府草原行政主管部门核定的草原载畜量标准的纠正或者处罚措施，由省、自治区、直辖市人民代表大会或者其常务委员会规定。

## 纠纷解决技巧

如果想在草场上增加饲养牲畜的数量，必须符合草畜平衡的原则。在牧区，"法律明白人"要为大家普及草原保护相关法律规范，提醒人们合理利用草原，遵守有关部门核定的载畜量切不可为了追求经济利益，盲目增加牲畜数量，破坏草场，以致影响牧场经济可持续发展，得不偿失。此外，还需要为大家讲解保持草畜平衡的措施，让乡亲们具备相关科学知识。当地草原行政主管部门需要遵循国家标准，结合当地实际，制定科学合理的草原载畜量，并定期重新核定进行更新，让牧民能有明确依据。一旦发现违反草畜平衡规定的行为，要立即予以纠正，依法进行处罚。

## 试题

笔记区

根据《中华人民共和国草原法》,在利用草原的过程中,应当注意的是(　　)。①

A. 合理利用草原,不得超过草原行政主管部门核定的载畜量

B. 采取措施保持草畜平衡

C. 实行划区轮牧,合理配置畜群,均衡利用草原

D. 以上选项均正确

---

① 答案:D。

笔记区

## 50. 野猪破坏庄稼，可以捕杀吗?

### 案例

老王家住大山村，最近地里种的蔬菜、庄稼总是被山里来的野猪啃食，附近几户村民家也出现类似情况。于是老王和邻居一起来到村委会请村支书老李给想想办法。老王说:“现在野猪是越来越多了，防不胜防，前天差点把我儿子撞伤。我看最简单的办法就是，来一头宰一头，之后它们就不敢再来偷吃了!”老李说:“老王，你们不容易，咱们村野猪泛滥给大家造成的损失，我们村委会会替大家想想办法。但是宰猪可要不得，野猪现在是国家保护的野生动物，擅自捕杀那可是违法的。”老王纳了闷:“这野猪一年比一年多，还祸害庄稼，怎么就值得保护了，捕杀怎么还违法了?”

### 法律分析

根据2000年国家林业局发布的《国家保护的有益的或者有重要经济、科学研究价值的陆生野生动物名录》规定，麻雀、青蛙、蛇、野猪等常见动物均属于“三有”动物，即《中华人民共和国野生动物保护法》中规定的有重要生态、科学、社会价值的陆生野生动物，任何组织和个人都有保

笔记区

护野生动物及其栖息地的义务，禁止违法猎捕野生动物、破坏野生动物栖息地。本案中的野猪泛滥危害农田，村民可以向政府有关部门申请，开展捕猎行动，对其进行控制性捕杀。但是，公民个人不能私自进行捕杀；若在禁猎区、禁猎期或者使用禁用的工具、方法捕杀野猪，可能涉嫌非法狩猎罪，给自己带来牢狱之灾。

## 知识链接

**《中华人民共和国刑法》第三百四十一条第二款** 违反狩猎法规，在禁猎区、禁猎期或者使用禁用的工具、方法进行狩猎，破坏野生动物资源，情节严重的，处三年以下有期徒刑、拘役、管制或者罚金。

**《中华人民共和国野生动物保护法》**

**第六条** 任何组织和个人都有保护野生动物及其栖息地的义务。禁止违法猎捕野生动物、破坏野生动物栖息地。

**第十九条** 因保护本法规定保护的野生动物，造成人员伤亡、农作物或者其他财产损失的，由当地人民政府给予补偿。具体办法由省、自治区、直辖市人民政府制定。有关地方人民政府可以推动保险机构开展野生动物致害赔偿保险业务。

有关地方人民政府采取预防、控制国家重点保护野生

笔记区

动物造成危害的措施以及实行补偿所需经费，由中央财政按照国家有关规定予以补助。

**最高人民法院《关于审理破坏野生动物资源刑事案件具体应用法律若干问题的解释》第六条** 违反狩猎法规，在禁猎区、禁猎期或者使用禁用的工具、方法狩猎，具有下列情形之一的，属于非法狩猎“情节严重”：

（一）非法狩猎野生动物二十只以上的；

（二）违反狩猎法规，在禁猎区或者禁猎期使用禁用的工具、方法狩猎的；

（三）具有其他严重情节的。

### 纠纷解决技巧

虽然野猪在村庄出没，破坏农田、影响村民生活安全，但野猪在森林生态链中也占有重要位置，对维持森林生态系统的稳定性起着不可替代的作用；因此，其属于国家保护的有益或者有重要经济、科学研究价值的陆生野生动物，国家法律规定不能对其进行随意捕杀。对于野猪泛滥给村民带来的损失，地方政府有关部门应当依法进行补偿，并且研究制定预防野猪侵扰的措施，保障村民的生产生活安全。同时，有关部门还应当宣传普及野猪对于维系生态系统的重要价值，获得村民对于禁捕政策的理解；还应深入村户宣传相关禁猎法律法规，提升村民禁猎、环保法律意识。

笔记区

**试题**

关于野猪泛滥影响村民生活,以下哪种情形是合法的?( )①

A. 在农田附近放置捕兽夹

B. 在野猪经常啃食地喷洒大量剧毒农药

C. 购买猎枪伺机捕杀

D. 向政府主管部门申请进行控制性捕杀

① 答案:D。

笔记区

## 51. 可以用餐馆、食堂泔水喂猪吗?

### 案例

甲县畜牧局执法人员在致富村养猪户老张家中检查时,发现老张在家中猪圈内饲养生猪20头,猪圈地面上有餐余泔水,生猪在自由采食,猪槽内有生猪采食后剩余的飘着红油的泔水,猪圈外4个大塑料桶内装着面条、蔬菜、肉类等餐余剩饭和一个用于给猪添加泔水的大铁铲。县畜牧局执法人员立即对当事人老张进行立案调查,现场对其进行询问。老张承认自己因想省些饲料费,便从县城朋友饭店和村小学食堂拉运一些泔水,未经任何处理便饲喂生猪。按照《中华人民共和国畜牧法》、农业农村部《饲料和饲料添加剂管理条例》等法律规定,老张使用未经处理的餐馆、食堂泔水直接喂猪属于违法行为,县畜牧局执法人员对当事人老张作出罚款3000元的行政处罚。

### 法律分析

泔水是餐馆、食堂、家庭在吃完饭后把剩下的饭菜、下脚料等厨余垃圾倒在一起形成的混合物。在泔水的收集、贮存和运输过程中,蚊蝇极易使泔水发霉、变味、变质,若不按照规定处理随意排放,会导致水土污染。虽然餐馆、食堂的泔水直接饲喂生猪的确可以节约成本,但泔水来源复杂,其中携带的病菌会造成多种人畜共患病的发生。因此,《中华人民共和国畜牧法》第 43 条规定,从事畜禽养殖,不能使用未经高温处理的餐馆、食堂的泔水饲喂家畜。在本案中,老张为节省费用,直接使用餐馆拉来的泔水喂猪,是违法行为,按照农业农村部《饲料和饲料添加剂管理条例》第 47 条的规定,其被处以 5000 元以下罚款。

## 知识链接

**《中华人民共和国畜牧法》**

**第四十三条** 从事畜禽养殖,不得有下列行为:

(一)违反法律、行政法规的规定和国家技术规范的强制性要求使用饲料、饲料添加剂、兽药;

(二)使用未经高温处理的餐馆、食堂的泔水饲喂家畜;

(三)在垃圾场或者使用垃圾场中的物质饲养畜禽;

(四)法律、行政法规和国务院畜牧兽医行政主管部门规定的危害人和畜禽健康的其他行为。

**第六十七条** 违反本法第四十三条规定养殖畜禽的,依照有关法律、行政法规的规定处罚。

**农业农村部《饲料和饲料添加剂管理条例》第四十七**

笔记区

**条** 养殖者有下列行为之一的,由县级人民政府饲料管理部门没收违法使用的产品和非法添加物质,对单位处1万元以上5万元以下罚款,对个人处5000元以下罚款;构成犯罪的,依法追究刑事责任……(六)使用限制使用的物质养殖动物,不遵守国务院农业行政主管部门的限制性规定的……

**《中华人民共和国固体废物污染环境防治法》第一百一十一条** 违反本法规定,有下列行为之一,由县级以上地方人民政府环境卫生主管部门责令改正,处以罚款,没收违法所得:……(五)产生、收集厨余垃圾的单位和其他生产经营者未将厨余垃圾交由具备相应资质条件的单位进行无害化处理的;(六)畜禽养殖场、养殖小区利用未经无害化处理的厨余垃圾饲喂畜禽的;……单位有前款第二项、第三项、第四项、第五项、第六项行为之一,处十万元以上一百万元以下的罚款;个人有前款第一项、第五项、第七项行为之一,处一百元以上五百元以下的罚款。

## 纠纷解决技巧

泔水饲喂生猪在过去农村里并不罕见;但是区别于过去用自家吃不完的剩饭剩菜喂猪,现在泔水来源非常复杂,主要来自城里的大小餐馆、食堂等。“泔水猪”所吃的剩菜里可能含有各类病原体,病原体寄生在猪的体内繁

笔记区

衍,比正常饲养的猪发病率要高很多。人吃了这样的猪肉患病的风险很大。因此,政府有关部门应当加强对城市餐饮行业垃圾分类的监管,规范餐饮行业厨余垃圾处理流程,加强对郊区或农村养殖场的检查力度,从源头减少固废污染与病菌传播。同时,还要加大对科学健康养猪相关法律法规的宣传,提升养猪人员的法律意识。

### 试题

下列哪种东西可以用来喂猪?(　　)①

A. 未经高温处理的餐馆、食堂泔水

B. 违反国家规定的饲料、添加剂、兽药

C. 经过高温处理的泔水

D. 垃圾场站处理过的食物垃圾

① 答案:C。

笔记区

## 52. 随意转地放蜂违法吗?

### 案例

老李养了一批意大利蜂,到了春繁时期,老李便踏上了“追花逐蜜”的转场放蜂路。在隔壁省清水村放蜂一周后,老李却接到了当地动物卫生监督所的驱逐令。原来清水村位于中华蜜蜂保护区内,村民大多饲养中华蜜蜂。老李在此放飞的意大利蜂,攻击性较强,不仅会趁机潜入中华蜜蜂的巢穴内偷蜜,还会咬死蜂王。老李放蜂的这一周里,好几户养中华蜜蜂的人家都遭了殃。县动物卫生监督所调查确认,老李引进的意大利蜂,没按规定申报检疫,违反养蜂的管理规定,属非法迁移蜂群,决定立案调查。之后,老李承认违反养蜂管理办法,承诺立即收回飞出的意大利蜂,离开清水村,并接受400元的行政处罚。

### 法律分析

《中华人民共和国畜牧法》中规定养蜂者在国内转地放蜂,需要持有检疫合格证明;原农业部《养蜂管理办法(试行)》中对转地放蜂的场地安排及注意事项进行了规定,如不得进入省以上政府养蜂主管部门依法确立的蜜蜂遗传资源保护区。在本案中,老李未按照规定申报检疫,私自在中华蜜蜂保护区内放蜂是违法行为,不仅给当地养蜂者带来物质损失,还影响了当地的生态平衡,因此被当地政府主管部门驱逐并罚款。养蜂者需要转场放蜂,应当按照法律法规规定,向当地动物卫生监督机构申报检疫,并遵守放蜂场地安排。

笔记区

## 知识链接

**《中华人民共和国畜牧法》第四十九条** 养蜂生产者在转地放蜂时,当地公安、交通运输、畜牧兽医等有关部门应当为其提供必要的便利。

养蜂生产者在国内转地放蜂,凭国务院畜牧兽医行政主管部门统一格式印制的检疫合格证明运输蜂群,在检疫合格证明有效期内不得重复检疫。

**原农业部《养蜂管理办法(试行)》**

**第十五条** 养蜂者应当持《养蜂证》到蜜粉源地的养蜂主管部门或蜂业行业协会联系落实放蜂场地。

转地放蜂的蜂场原则上应当间距1000米以上,并与居民区、道路等保持适当距离。

转地放蜂者应当服从场地安排,不得强行争占场地,并遵守当地习俗。

**第十六条** 转地放蜂者不得进入省级以上人民政府养蜂主管部门依法确立的蜜蜂遗传资源保护区、保种场及

笔记区

种蜂场的种蜂隔离交尾场等区域放蜂。

### 纠纷解决技巧

养蜂是一项不争田、不占地、投资少、见效快的“空中农业”,是促使农民致富的一条捷径。养蜂者为了寻找更多的蜜粉原地,需要外出转地放蜂。在转地放蜂过程中,为了避免对放蜂地生态平衡造成不良影响,政府有关部门应当及时向蜂农发布放蜂场地等信息,加大关于养蜂相关法律法规的宣传,在蜂种保护区周边重要地段设立标识牌,提升公众对于养蜂规定的知晓度。同时养蜂者需要加强对法律法规的学习,规范养蜂行为,避免违法违规给自己和他人带来不必要的损失。

### 试题

下列关于转地放蜂的说法,不正确的是(　　)。[1]

A. 转地放蜂需要有检疫合格证明

B. 转地放蜂不得进入蜜蜂遗传资源保护区

C. 违反养蜂管理办法无须接受行政处罚

D. 转地放蜂应与居民区、道路保持距离

---

① 答案:C。

笔记区

## ▶ 53. 野猪破坏农作物,可以请求政府补偿吗?

### 案例

一说起野猪,老王就备感头疼,因为自己所在的村庄野猪泛滥。村民还没来得及收庄稼,所有庄稼便都被野猪糟蹋了。而且村里的领导干部一直在说,野猪是国家保护动物,不能随意捕杀,老王除了忍,没有一点别的办法。但眼看着收成全没了,日子没法维系了,老王联合其他村民一起来到村主任这里,要求村主任去县里面要点政府补偿回来。"是你们不让我们杀野猪,那野猪带来的破坏总不能全由我们来买单吧?"老王和一众村民如是说道。

### 法律分析

《中华人民共和国野生动物保护法》中有明文规定,"因保护本法规定保护的野生动物,造成人员伤亡、农作物或者其他财产损失的,由当地人民政府给予补偿"。至于什么是"本法规定保护的野生动物",《中华人民共和国野生动物保护法》也作出了说明:包括一级保护野生动物,二级保护野生动物,地方重点保护野生动物和有重要生态、科学、社会价值的陆生野生动物(简称"三有"动物)。虽

笔记区

然国家林草局于2021年12月12日发布的《有重要生态、科学、社会价值的陆生野生动物名录(征求意见稿)》将2000年被列入"三有"动物的野猪删除了,但由于该稿件为征求意见的初稿,还没有法律效力,因此就现阶段而言,野猪仍然属于"三有"动物;那么,因为保护它而使农作物造成的损失,就应当由当地人民政府进行补偿。

## 知识链接

**《中华人民共和国野生动物保护法》**

**第十条** 国家对野生动物实行分类分级保护。

国家对珍贵、濒危的野生动物实行重点保护。国家重点保护的野生动物分为一级保护野生动物和二级保护野生动物。国家重点保护野生动物名录,由国务院野生动物保护主管部门组织科学评估后制定,并每五年根据评估情况确定对名录进行调整。国家重点保护野生动物名录报国务院批准公布。

地方重点保护野生动物,是指国家重点保护野生动物以外,由省、自治区、直辖市重点保护的野生动物。地方重点保护野生动物名录,由省、自治区、直辖市人民政府组织科学评估后制定、调整并公布。

有重要生态、科学、社会价值的陆生野生动物名录,由国务院野生动物保护主管部门组织科学评估后制定、调整

笔记区

并公布。

**第十九条** 因保护本法规定保护的野生动物，造成人员伤亡、农作物或者其他财产损失的，由当地人民政府给予补偿。具体办法由省、自治区、直辖市人民政府制定。有关地方人民政府可以推动保险机构开展野生动物致害赔偿保险业务。

有关地方人民政府采取预防、控制国家重点保护野生动物造成危害的措施以及实行补偿所需经费，由中央财政按照国家有关规定予以补助。

### 纠纷解决技巧

部分地区因为资金原因，没有办法给农民提供足够的资金补偿，那么可以通过以下两条路径进行改进：其一，推动保险机构开展针对野生动物尤其是野猪的致害赔偿保险业务；其二，在规定时期由乡镇政府按照实际情况提交狩猎申请，由上级相关部门安排专门的狩猎队伍，将野猪数量稳控在合理范围内。

笔记区

**试题**

面对野猪损毁庄稼的行为，你不能做的是(　　)。[1]

A. 寻求当地政府进行补偿

B. 加强庄稼地的防护措施

C. 直接捕杀野猪

D. 联系事先拟定合同的保险公司，进行赔付

---

① 答案：C。

笔记区

## ▶ 54. 禁渔期可以捕捞水产品吗?

### 案例

凌晨3时,老王偷偷来到江面上,因为正值禁渔期,他只能选择这种时间来捕鱼、捕虾。然而,禁渔期巡航的执法人员正好碰到了老王,在“人赃并获”的情形下,老王对自己在禁渔期来捕捞水产品的行为供认不讳。等待他的将是更加严格的调查及法律上的惩罚。

### 法律分析

设置禁渔期、禁渔区,是为了保护水生生物的正常生长、繁殖,维护生态平衡。然而,却有部分人为了满足一时口腹之欲,铤而走险谋求利益,不顾禁渔期、禁渔区等相关规定擅自捕捞水产品,最后受到严厉的惩罚。在最严重的情况下,只要满足最高人民法院《关于审理发生在我国管辖海域相关案件若干问题的规定(二)》规定的情形之一,禁渔期捕鱼就可能构成《中华人民共和国刑法》中的非法捕捞水产品罪,处3年以下有期徒刑、拘役、管制或者罚金。即使没有被追究刑事责任,根据《中华人民共和国渔业法》的规定,也有可能要被处以罚金、吊销捕捞许可证等。

笔记区

**知识链接**

**《中华人民共和国刑法》第三百四十条** 违反保护水产资源法规，在禁渔区、禁渔期或者使用禁用的工具、方法捕捞水产品，情节严重的，处三年以下有期徒刑、拘役、管制或者罚金。

**最高人民法院《关于审理发生在我国管辖海域相关案件若干问题的规定(二)》第四条** 违反保护水产资源法规，在海洋水域，在禁渔区、禁渔期或者使用禁用的工具、方法捕捞水产品，具有下列情形之一的，应当认定为刑法第三百四十条规定的“情节严重”：

(一)非法捕捞水产品一万公斤以上或者价值十万元以上的；

(二)非法捕捞有重要经济价值的水生动物苗种、怀卵亲体二千公斤以上或者价值二万元以上的；

(三)在水产种质资源保护区内捕捞水产品二千公斤以上或者价值二万元以上的；

(四)在禁渔区内使用禁用的工具或者方法捕捞的；

(五)在禁渔期内使用禁用的工具或者方法捕捞的；

(六)在公海使用禁用渔具从事捕捞作业，造成严重影响的；

(七)其他情节严重的情形。

笔记区

**《中华人民共和国渔业法》第三十八条第一款** 使用炸鱼、毒鱼、电鱼等破坏渔业资源方法进行捕捞的,违反关于禁渔区、禁渔期的规定进行捕捞的,或者使用禁用的渔具、捕捞方法和小于最小网目尺寸的网具进行捕捞或者渔获物中幼鱼超过规定比例的,没收渔获物和违法所得,处五万元以下的罚款;情节严重的,没收渔具,吊销捕捞许可证;情节特别严重的,可以没收渔船;构成犯罪的,依法追究刑事责任。

## 纠纷解决技巧

"禁渔期"是一个非常专业的概念,许多村民既不理解这几个字的含义,也不知道这段时期设置的目的。为了能够切实防范非法捕捞的情况出现,应当多开展禁渔期禁止非法捕捞水产品的宣传,并在村内张贴禁止捕鱼的公告,让村民从心底里明白这段时间不能捕鱼。

## 试题

最近村里发通知说到"禁渔期"了,以下做法正确的是(　　)。①

A. 严格遵守规定,在禁渔期内不再捕鱼

B. 趁着没人捕鱼,自己去捕鱼"吃独食"

---

① 答案:A。

笔记区

C. 联系其他村民一同帮助自己望风，躲过执法人员的巡查

D. 在禁渔期捕鱼后，买些小鱼苗重新扔回去，以求恢复生态

笔记区

## ▶ 55. 可以用自制弹弓捕鸟吗?

### 案例

老王的大哥和二哥今天去城里务工后回村，兄弟三人为了尝尝野味，自制了三把弹弓，来到附近树林中打鸟。短短1小时的时间内，兄弟三人收获满满，脚边已经躺着斑鸠、麻雀等各种鸟20余只。然而，正好有民警来到这片树林中巡逻，见到此种场景，立刻将兄弟三人传唤至派出所进行调查。对此，兄弟三人非常不解：小时候不是经常拿弹弓打鸟玩吗，怎么现在不行了？

### 法律分析

当看到“捕猎”“走私”“贩卖东北虎”这样的字眼时，很多人都会觉得这很严重，被抓到是要坐牢的。但当这些词被替换为“打鸟”时，很多人则不以为意，觉得打几只鸟来吃能有什么事呀。这其实是一种大错特错的观念，“弹弓打鸟”一样可能触犯刑法。许多鸟类都属于《中华人民共和国野生动物保护法》中规定需要保护的野生动物，常见的如鸳鸯属于二级保护野生动物，斑鸠也属于国家保护的有重要生态、科学、社会价值的陆生野生动物名录的范围。用弹弓将这些鸟打死，就有可能构成刑法中规定的非

笔记区

法狩猎罪;若是还打死了更加珍贵名目的鸟类,还将可能构成危害珍贵、濒危野生动物罪。

### 知识链接

**《中华人民共和国野生动物保护法》第十条** 国家对野生动物实行分类分级保护。

国家对珍贵、濒危的野生动物实行重点保护。国家重点保护的野生动物分为一级保护野生动物和二级保护野生动物。国家重点保护野生动物名录,由国务院野生动物保护主管部门组织科学评估后制定,并每五年根据评估情况确定对名录进行调整。国家重点保护野生动物名录报国务院批准公布。

地方重点保护野生动物,是指国家重点保护野生动物以外,由省、自治区、直辖市重点保护的野生动物。地方重点保护野生动物名录,由省、自治区、直辖市人民政府组织科学评估后制定、调整并公布。

有重要生态、科学、社会价值的陆生野生动物名录,由国务院野生动物保护主管部门组织科学评估后制定、调整并公布。

**《中华人民共和国刑法》第三百四十一条第一款、二款** 非法猎捕、杀害国家重点保护的珍贵、濒危野生动物的,或者非法收购、运输、出售国家重点保护的珍贵、濒危野生动物及其制品的,处五年以下有期徒刑或者拘役,并处罚金;情节严重的,处五年以上十年以下有期徒刑,并处罚金;情节特别严重的,处十年以上有期徒刑,并处罚金或者没收财产。

违反狩猎法规,在禁猎区、禁猎期或者使用禁用的工具、方法进行狩猎,破坏野生动物资源,情节严重的,处三年以下有期徒刑、拘役、管制或者罚金。

### 纠纷解决技巧

由于"弹弓打鸟"是村民小时候常见的娱乐方式,因此时至今日绝大多数人都还没有办法意识到此行为可能付出的代价有点大。村领导干部应在平时多多宣传弹弓打鸟的危害;如若真的遇见自制弹弓打鸟的村民,一定要及时阻止,并告知其可能被追究刑事责任。

### 试题

下列有关自制弹弓打鸟的说法,正确的是(　　)。[1]

A. 自制的弹弓威力小,即使把鸟打死了也不用承担任何责任

B. 弹弓打鸟可以锻炼专注力和敏捷力,应大力在农村地区推广

---

① 答案:C。

笔记区

C. 若是利用弹弓打死了国家重点保护的鸟类,则有可能被追究刑事责任

D. 利用自制弹弓打鸟,只要不伤及国家一级保护动物,就无须承担法律责任

笔记区

## 56. 可以在河里电鱼吗?

### 案例

李家村邻近一个水库，库区风景优美，水质清洁，村中的人们在休闲时常去周边游玩。有一次，李四去水库边散步时，发现清澈的浅水区有几尾游鱼，不禁想到可以捕鱼。正巧，李四曾经做过电工，家里也有电瓶等设备，他便决定使用电鱼的方法，多捕一些鱼，也拿给亲戚朋友们尝尝鲜，多余的还能到市场上卖赚点钱。当李四带着自己组装的设备到了水库边，正准备搭船下水电鱼时，路过的李二叔看到他的电鱼装备忙上前阻止："小李！这电鱼不仅危险，还是违法的。"说罢，便为他讲了电鱼的危害性，还给他普及了相关法律知识。李四听了十分后怕，再也不动电鱼的念头了。

### 法律分析

电鱼作为一种捕捞方法可以省时、省力捕获大量鱼类。有人为了经济利益，在水中电鱼，殊不知使用这种方法已经极大地危害渔业资源，破坏生态环境。电鱼实际上是一种"灭绝"式的捕捞方法，较小的鱼触电后会马上死亡；大鱼即便侥幸逃脱，也可能丧失繁殖能力。同时，电流

笔记区

通入水体后，还会导致一定范围内的氧气耗尽，大量水生生物会因此受到影响。为了加强渔业资源的保护，维持生态平衡，《中华人民共和国渔业法》明令禁止使用电鱼方法进行捕捞。一旦违反有关规定，轻则没收渔获处以罚款；重则可能构成犯罪，要追究刑事责任。在符合法律规定的情况下捕鱼、垂钓，增加收益或放松身心，是有益的；但忽视法律规定，只图眼前利益，采用非法手段捕鱼，会给渔业资源和生态环境造成难以逆转的损害。

## 知识链接

**《中华人民共和国渔业法》**

**第三十条第一款**　禁止使用炸鱼、毒鱼、电鱼等破坏渔业资源的方法进行捕捞。禁止制造、销售、使用禁用的渔具。禁止在禁渔区、禁渔期进行捕捞。禁止使用小于最小网目尺寸的网具进行捕捞。捕捞的渔获物中幼鱼不得超过规定的比例。在禁渔区或者禁渔期内禁止销售非法捕捞的渔获物。

**第三十八条第一款**　使用炸鱼、毒鱼、电鱼等破坏渔业资源方法进行捕捞的，违反关于禁渔区、禁渔期的规定进行捕捞的，或者使用禁用的渔具、捕捞方法和小于最小网目尺寸的网具进行捕捞或者渔获物中幼鱼超过规定比例的，没收渔获物和违法所得，处五万元以下的罚款；情节严重的,没收渔具,吊销捕捞许可证;情节特别严重的,可以没收渔船;构成犯罪的,依法追究刑事责任。

笔记区

## 纠纷解决技巧

"法律明白人"一旦发现邻里乡亲有非法捕鱼的工具,或者有人可能进行非法捕鱼活动,要立即提醒、及时制止。也可以在水域附近张贴普法宣传海报,防患于未然,告诫人们在捕鱼垂钓时需要遵守相关法律规范。当地渔业行政主管部门应当通过在水体周边巡逻、值守等方式加强监管,一旦发现违法活动,要视情节进行处罚;还可以设立网络举报平台、举报热线,在打击非法捕捞行为方面汇民智、聚民力,号召当地百姓共同监督、抵制非法捕鱼行为,同时这种社会监督模式也能起到一定的普法作用。

## 试题

根据《中华人民共和国渔业法》,下列做法不正确的是(　　)。[①]

A. 在捕捞过程中要遵循国家捕捞限额

B. 取得捕捞许可证后方可从事捕捞业

C. 使用小于最小网目尺寸的网具进行捕捞

D. 不在禁渔区、禁渔期进行捕捞

---

① 答案:C。

笔记区

## 57. 可以在自然保护区放牧吗?

### 案例

春季草地返青,白云自然保护区管理处加大巡查监管力度,持续开展禁牧工作。一日,保护区管理处接到群众的投诉,附近有牧民私自进入自然保护区核心区小西沟内放牧。管理处工作人员立即前往现场调查,经查发现牧民马某明知保护区禁牧的规定,仍然未获批准私自进入自然保护区核心区,并驱赶牛羊来到保护区内啃食植被。管理处依据《中华人民共和国自然保护区条例》的相关规定,依法给予行政处罚,责令马某立即驱赶牛羊离开保护区,并对其罚款400元。

### 法律分析

漫山放牧是牧民传统的放牧方式,但是长期在保护区内过度放牧,很容易导致保护区内林草生态资源以及野生动物栖息环境受到破坏。因此,《中华人民共和国自然保护区条例》对于保护区内禁止活动进行规定,禁止在保护区内进行放牧、狩猎、开垦等活动。本案中的牧民马某明知禁牧规定,仍然私自进入保护区内放牧,违反了《中华人民共和国自然保护区条例》的规定,被保护区管理机构责令驱赶牛羊离开,并处以400元的罚款。

笔记区

## 知识链接

**《中华人民共和国自然保护区条例》**

**第二十六条** 禁止在自然保护区内进行砍伐、放牧、狩猎、捕捞、采药、开垦、烧荒、开矿、采石、挖沙等活动;但是,法律、行政法规另有规定的除外。

**第三十五条** 违反本条例规定,在自然保护区进行砍伐、放牧、狩猎、捕捞、采药、开垦、烧荒、开矿、采石、挖沙等活动的单位和个人,除可以依照有关法律、行政法规规定给予处罚的以外,由县级以上人民政府有关自然保护区行政主管部门或者其授权的自然保护区管理机构没收违法所得,责令停止违法行为,限期恢复原状或者采取其他补救措施;对自然保护区造成破坏的,可以处以300元以上1万元以下的罚款。

## 纠纷解决技巧

自然保护区管理机构的工作人员应严格监管、加强巡护,及时发现破坏自然保护区自然资源的行为,并进行劝阻、制止,严肃查处违法违规行为。同时,自然保护区、各管理站及管护点工作人员也可以深入居民区及周边牧户宣传有关禁牧法律、法规、政策,进一步营造禁牧工作的浓厚氛围;告知牧民长期在保护区内过度放牧,会导致保护

笔记区

区内森林生态资源及野生动物栖息环境受到破坏，进一步提高周边牧民对生态资源的保护意识，真正把保护区禁止过度放牧转变为广大周边牧民群众的自觉行动，使牧民积极参与到保护区的生态环境保护行动中。

**试题**

关于在自然保护区放牧的说法，不正确的是(　　)。[1]

A. 将由相关部门没收违法所得

B. 可以自由进入各类森林、草原进行放牧

C. 将强制采取恢复原状等补救措施

D. 可能处以 300 元以上 1 万元以下罚款

---

① 答案：B。

笔记区

## 58. 可以在河湖中放生家中饲养的鱼、龟等宠物吗?

### 案例

赵婆婆家中养着两条金鱼、一只宠物龟。看着这些动物只能在鱼缸局促的空间里活动,好心的赵婆婆觉得它们很可怜。想到村北正好有一片湖泊,她便琢磨着将金鱼和乌龟放生到湖里。第二天,她骑着三轮车,把鱼缸拉到湖边,正好遇到邻居小王路过,便喊他帮自己一起把缸里的动物放入湖中。小王却提醒她说:“赵婆婆,家里的鱼不能在湖里放生,会影响生态环境的。按照法律规定,可不能这么做。”赵婆婆却有些疑惑地问:“放生是善举,保护了小动物,怎么反倒会破坏环境?”

### 法律分析

爱心人士常常采用“放生”的方式表达关爱动物、保护环境的价值观。但从生态环境保护的角度看,如果不遵从自然规律,盲目放生,外来物种会破坏生物链,打破生态平衡,放生反而会因此成为“杀生”。如果放生的动物具有一定危险性,还可能对他人的人身、财产安全造成威胁。因此,《中华人民共和国生物安全法》《中华人民

笔记区

共和国湿地保护法》明令禁止未经科学评估和依法批准而向湖泊等湿地引进、放生外来物种的行为。《中华人民共和国野生动物保护法》则重点从野生动物保护的视角，规范人们的放生行为。在本案中，赵婆婆在湖里放生自己饲养的龟、鱼等宠物的行为是违反法律规定的。“放生”看似简单，实际需要较强的专业科学知识，不是光凭热情和爱心就能做好，所以不可擅自放生。爱心与善举值得鼓励，但决不能把购买的动物、家中的宠物随意放归大自然，要科学、依法表达对动物的关爱，才能真正实现保护环境、促进公益的目的。

### 知识链接

**《中华人民共和国生物安全法》**

**第六十条第三款** 任何单位和个人未经批准，不得擅自引进、释放或者丢弃外来物种。

**第八十一条第二款** 违反本法规定，未经批准，擅自释放或者丢弃外来物种的，由县级以上人民政府有关部门根据职责分工，责令限期捕回、找回释放或者丢弃的外来物种，处一万元以上五万元以下的罚款。

**《中华人民共和国湿地保护法》第三十条第四款** 禁止向湿地引进和放生外来物种，确需引进的应当进行科学评估，并依法取得批准。

**《中华人民共和国野生动物保护法》第三十八条**　任何组织和个人将野生动物放生至野外环境,应当选择适合放生地野外生存的当地物种,不得干扰当地居民的正常生活、生产,避免对生态系统造成危害。随意放生野生动物,造成他人人身、财产损害或者危害生态系统的,依法承担法律责任。

笔记区

## 纠纷解决技巧

如果周围人有放生的习惯,“法律明白人”要告知他们法律对于禁止随意放生的规定,并为他们普及擅自放生对环境的危害。平时,可以多举办野生动物保护知识的学习活动,加强动物保护宣传,引导人们科学、合法关爱动物,养成文明健康、绿色环保的生活方式。当地政府有关部门也要积极做好生态保护和野生动物保护宣传工作,并且可以联合当地环保组织共同开展知识普及工作。确有动物保护需要时,有关主管部门可以科学评估,在专业人士指导下,组织当地百姓参与动物放归、增殖放流活动,鼓励保护动物善举,宣传生态保护知识。

笔记区

**试题**

如果想用“放生”表达对动物的关爱,下列做法正确的是(　　)。[1]

A. 购买宠物店的宠物,放归自然

B. 将市场上买的鱼放入河里

C. 购买野生动物后在自家附近放生

D. 参与政府组织的鱼苗科学放流活动

① 答案:D。

笔记区

## ▶ 59. 可以将国外的花草带回国吗?

### 案例

老张今年春节假期和儿子一家一起出国旅行。回国前,他在机场的花店注意到一种奇特的当地鲜花。因为老张没有在国内见过这种花,觉得十分新奇,便买下一束准备带回家栽培观赏。一路上,老张小心翼翼,护送着自己的花回到国内,满心欢喜地准备一到家就把花种上,却在入境前被海关工作人员拦了下来。工作人员不许他将这束异国鲜花带入国境,称他的行为是违法的,会损害国家生物安全。这让老张十分困惑:这不就是束花吗?怎么还违法了?

### 法律分析

防止外来物种入侵,是关乎我国生态安全的大事,绝不仅仅是“一朵花”“一株草”的小事。一些外来物种进入新的生态环境后,可能由于缺乏天敌迅速繁殖,挤压本土物种生存空间,严重破坏生态平衡。有时,即使是国外普通的花草,也可能在入侵我国生态系统后对生物多样性造成致命的威胁,万万不可小觑。比如,原产于北美的“加拿大一枝黄花”,在作为观赏植物引进我国后成为一种恶性

笔记区

杂草，与其他物种争夺生存空间，危害本土植物生长，被称为“霸王花”。为了防止这种情形，2021 年实施的《中华人民共和国生物安全法》明令禁止任何单位和个人在未取得批准的情况下，擅自引进、释放或丢弃外来物种。本案中，老张擅自携带外国鲜花回国，花朵自身可能成为一种威胁我国生态环境的外来入侵物种，鲜花上可能带有的昆虫也会威胁我国生态平衡。

### 知识链接

**《中华人民共和国生物安全法》**

**第六十条第三款**　任何单位和个人未经批准，不得擅自引进、释放或者丢弃外来物种。

**第八十一条**　违反本法规定，未经批准，擅自引进外来物种的，由县级以上人民政府有关部门根据职责分工，没收引进的外来物种，并处五万元以上二十五万元以下的罚款。

违反本法规定，未经批准，擅自释放或者丢弃外来物种的，由县级以上人民政府有关部门根据职责分工，责令限期捕回、找回释放或者丢弃的外来物种，处一万元以上五万元以下的罚款。

**《中华人民共和国进出境动植物检疫法》第十条**　输入动物、动物产品、植物种子、种苗及其他繁殖材料的，必须事先提出申请，办理检疫审批手续。

笔记区

## 纠纷解决技巧

在国外旅游看到奇花异草,很多国人会十分好奇,想把它们带回国内种植观赏。“法律明白人”要为他们普及防止外来物种入侵的科学知识和法律知识,告知他们擅自携带外国物种入境的危害和法律后果,并向其说明如果确有需要输入境外动植物,要事先提出申请,办理检疫审批手续。此外,当下互联网购物成为潮流,“法律明白人”也要告诉邻里街坊,网购外国商品要遵守法律,谨慎选择购买的商品种类,特别是决不能购买未经我国批准入境的国外动植物。有关部门也需要严格检查携带境外物种入境的行为。如果是我国允许入境的生物,经过检疫程序,合格者方可允许入境。

## 试题

下列物品,可以不经检疫程序直接从国外带入我国境内的是(　　)。①

A. 国外植物种子

B. 在国外饲养的宠物

C. 国外新鲜水果

D. 国外购买的巧克力

① 答案:D。

笔记区

## ▶ 60. 开山修路造成水土流失会有什么后果?

### 案例

王五拥有一家建筑公司,主要在富贵县当地从事开山修路的建设活动。富贵县多山多风沙,属于容易发生水土流失的区域。由于在山区修路,王五的公司在建设中,往往需要开挖大量岩石、土体,很容易破坏沿线的地貌和植被,造成水土流失。但王五对此不以为然,没有在施工的同时建设水土保持方案中的水土保持设施。在导致水土流失后,王五还命令施工队继续施工,并未采取措施进行治理。当地水行政主管部门发现王五的违法行为,立刻派工作人员前来责令王五限期治理水土流失,缴纳水土保持补偿费,并警告他这种行为可能触犯刑法。王五听了工作人员的话,十分后悔,表示今后一定重视施工过程中的水土保持工作。

### 法律分析

水土流失会导致土地肥力下降、河道淤积等诸多问题。为了预防和治理水土流失,保护和合理利用水土资源,改善生态环境,保障经济社会可持续发展,我国专门制定了《中华人民共和国水土保持法》,从规划、预防、治理、

笔记区

监测等多环节助力水土保持工作。根据《中华人民共和国水土保持法》的规定,开办生产建设项目或从事其他生产建设活动造成水土流失的,应当进行治理;在山区、丘陵区、风沙区以及水土保持规划确定的容易发生水土流失的其他区域进行建设,损坏水土保持设施、地貌植被,不能恢复水土保持功能的,还应缴纳水土保持补偿费;如果造成水土流失危害,还可能需要承担民事、行政乃至刑事责任。在本案中,王五在容易发生水土流失的地区开山修路,并且没有履行治理水土流失的义务,应当责令其限期治理,并缴纳水土保持补偿费;对造成的水土流失危害,应依法承担相应的责任。

## 知识链接

**《中华人民共和国水土保持法》**

**第三十二条** 开办生产建设项目或者从事其他生产建设活动造成水土流失的,应当进行治理。

在山区、丘陵区、风沙区以及水土保持规划确定的容易发生水土流失的其他区域开办生产建设项目或者从事其他生产建设活动,损坏水土保持设施、地貌植被,不能恢复原有水土保持功能的,应当缴纳水土保持补偿费,专项用于水土流失预防和治理。专项水土流失预防和治理由水行政主管部门负责组织实施。水土保持补偿费的收取

笔记区

使用管理办法由国务院财政部门、国务院价格主管部门会同国务院水行政主管部门制定。

生产建设项目在建设过程中和生产过程中发生的水土保持费用,按照国家统一的财务会计制度处理。

**第五十六条** 违反本法规定,开办生产建设项目或者从事其他生产建设活动造成水土流失,不进行治理的,由县级以上人民政府水行政主管部门责令限期治理;逾期仍不治理的,县级以上人民政府水行政主管部门可以指定有治理能力的单位代为治理,所需费用由违法行为人承担。

**第五十八条** 违反本法规定,造成水土流失危害的,依法承担民事责任;构成违反治安管理行为的,由公安机关依法给予治安管理处罚;构成犯罪的,依法追究刑事责任。

## 纠纷解决技巧

我国山区、丘陵地带较多,开山修路是这些地区发展经济、创造美好生活的重要途径。但山区地质条件脆弱,加上公路建设线路长、面积广、结构复杂,开山修路很容易引发水土流失。从事开山修路建设工程的企业应当从建设伊始便防范水土流失的发生。根据《中华人民共和国水土保持法》的规定,在建设项目开工前应当编制水土保持方案,经批准后方可开工建设。同时,方案中的水土保持

笔记区

设施,应当与主体工程同时设计、同时施工、同时投产使用。一旦造成水土流失,建设单位需要承担治理责任;不能恢复原有水土保持功能的,还需要及时缴纳水土保持补偿费。对于当地水行政主管部门来说,应当加强水土保持监测工作,对水土保持情况进行监督检查;发现违法行为,及时纠正,并追究违法行为人法律责任。

**试题**

根据《中华人民共和国水土保持法》,下列说法错误的是(　　)。①

A. 国家鼓励和支持社会力量参与水土保持工作

B. 禁止在崩塌、滑坡危险区和泥石流易发区从事取土、挖砂、采石等可能造成水土流失的活动

C. 禁止在水土流失重点预防区和重点治理区铲草皮、挖树兜或者滥挖虫草、甘草、麻黄等

D. 在任何坡度的陡坡地上都可以开垦种植农作物

---

① 答案:D。

笔记区

# 测 试 题

1. 下列关于秸秆焚烧的说法,不正确的是(　　)。

A. 秸秆焚烧后的灰渣可以给土地增肥,因此可以随便焚烧

B. 村民在禁烧区焚烧农作物秸秆,属于违法行为

C. 村民露天焚烧秸秆可能会造成大气污染,危害人体健康

D. 各级政府应鼓励采用先进技术,对秸秆、落叶等进行肥料化、能源化处理

2. 关于砍伐林木,下面说法不正确的是(　　)。

A. 采伐林地上的林木应当申请采伐许可证

B. 珍贵树木或国家重点保护植物不能随意采伐

C. 砍伐林木需要按照采伐许可证规定的地点、数量、树种、方式进行

D. 自留山上的树木可以随意砍伐

3. 关于垃圾分类,下面说法正确的是(　　)。

A. 对生活垃圾实行垃圾分类,是改善环境质量的重要

举措

笔记区

B. 餐馆、食堂的厨余垃圾可以直接回收用来饲喂畜禽

C. 回收利用小区里装修剩下的油漆桶、机油桶不需要按规定申请许可

D. 为了方便农村地区生活垃圾可以就近处理，直接倾倒在废弃沟渠内

4. 邻居家夜晚装修产生噪音影响小李正常休息，下面说法不正确的是(　　)。

A. 可以先自行和邻居进行沟通，协商解决

B. 可以向小区物业管理处投诉

C. 可以报警或拨打“12369”环保举报热线进行投诉

D. 自己也发出噪声报复邻居

5. 关于广场舞噪声扰民，下面说法不正确的是(　　)。

A. 违反法律规定跳广场舞产生噪声扰民，可能面临行政处罚

B. 跳广场舞应当遵守公共场所对于活动时间、区域、音量等管理规定

C. 若无特殊情形，不能在噪声敏感建筑物集中区域使用高音广播喇叭

D. 白天公园人少，跳广场舞时音量可以随意调节

笔记区

6. 在饮用水水源地一级保护区内可以从事的活动有(　　)。

A. 进行网箱养殖

B. 开展绿色旅游活动

C. 开设游泳、疗养体验项目

D. 定期进行水质监测

7. 关于果园除草、杀虫的方法,下列说法不正确的是(　　)。

A. 种植面积规模大的果园可以使用机器除草,省时省力

B. 可以在果园内散养鸡、鸭、鹅、羊等食草性家禽牲畜动物

C. 可以喷洒剧毒农药,杀虫效率高

D. 定期修剪果树的病虫枝

8. 关于工厂污水排放,下面说法错误的是(　　)。

A. 工厂随意排污,影响附近居民正常生活的,居民可以向环保执法部门投诉

B. 含有毒有害水污染物的工业废水可以稀释后直接排放

C. 工厂不能私设暗管,利用渗井、渗坑等逃避监管的方式排放水污染物

D. 在饮用水水源保护区内,禁止设置排污口

笔记区

9. 关于农村土地利用方式，下列说法正确是(　　)。

A. 村民可以在自己承包的耕地内建房

B. 为丰富永久基本农田的利用方式，可以部分种田、部分发展林果业

C. 可以探索开展土地集约化经营，提高农业生产效率

D. 生活污水可以直接用于农田灌溉

10. 关于农业生产过程，下列说法不正确的是(　　)。

A. 使用低毒、低残留农药以及先进喷施技术

B. 使用符合标准的有机肥、高效肥

C. 使用生物可降解农用薄膜

D. 使用畜禽养殖场的废水直接进行农田灌溉

11. 在生态保护红线区域内，可以从事的活动有(　　)。

A. 在合理利用区开展科普教育活动

B. 建设工业固体废物处理厂

C. 在未种植农作物的区域建设生活垃圾填埋场

D. 建设危险废物集中贮存厂

12. 在森林防火区，可以从事的活动有(　　)。

A. 吸烟

B. 点放孔明灯

C. 徒步

D. 在山林中野炊

笔记区

13. 在长江禁渔期内，可以从事的活动有（　　）。

A. 为省时省力，使用电鱼的方式进行捕捞

B. 进行生产性捕捞

C. 使用探鱼设备和视频装置钓鱼

D. 在江边休闲散步

14. 国家重点保护野生动物名录的制定部门是（　　）。

A. 野生动物所在地人民政府

B. 省、自治区、直辖市人民政府

C. 从事野生动物保护的社会组织

D. 国务院野生动物保护主管部门

15. 关于草原放牧，下列说法正确的是（　　）。

A. 可以自由出入自然保护区放牧

B. 尽量多养牲畜，增加自己的收入

C. 根据规定确认牲畜饲养量，保持草畜平衡

D. 拒绝划区轮牧，在水草丰美的牧场可以超载放牧

16. 下列关于焚烧塑料地膜的说法，不正确的是（　　）。

A. 焚烧塑料地膜会导致大气污染

B. 焚烧塑料地膜是一种无害处理方式

C. 焚烧塑料地膜是一种落后的农业生产方式

D. 焚烧塑料地膜会面临行政处罚

笔记区

17. 国家对珍贵、濒危的野生动物实行重点保护，国家重点保护动物分为(　　)。

A. 一级重点保护动物、二级重点保护动物和三级重点保护动物

B. 一级重点保护动物和二级重点保护动物

C. 重点保护动物和次重点保护动物

D. 濒危野生动物和珍贵野生动物

18. 国家对严重污染大气环境的落后生产工艺和落后设备实行(　　)制度。

A. 淘汰

B. 限期治理

C. 排污收费

D. 罚款

19. 在下列生活垃圾中，如果没有回收，对环境造成危害最大的是(　　)。

A. 废纸

B. 废电池

C. 废矿泉水瓶

D. 废玻璃

20. 为保护蓝天，我们在出门时，应当(　　)。

A. 永远不使用任何交通工具

B. 多开私家车

笔记区

C. 尽量选择乘坐公共交通工具

D. 尽量选择乘坐舒适的交通工具

21. 设置禁渔期的主要目的是(　　)。

A. 实现渔业生产的可持续发展

B. 保护渔民,避免受到台风等自然灾害

C. 避免赤潮等现象的发生

D. 避免高温作业

22. 装修房子时,下列行为中不属于绿色消费的是(　　)。

A. 优先考虑健康安全,其次再考虑价格

B. 选择绿色建材,如水性涂料、节水洁具等

C. 装修工程中噪声过大

D. 将装修过程中的有毒有害垃圾单独分类,特殊处理

23. 绿色购物,我们应该选择购买(　　)。

A. 小包装的商品

B. 附带广告宣传材料的商品

C. 大包装的商品

D. 一次性用品

24. 危险废物的资源化不包括下列哪种方法?(　　)

A. 填埋

B. 回收

C. 循环利用

D. 加工

笔记区

25. 根据《中华人民共和国水污染防治法》的规定，生活饮用水地表水源一级保护区内(　　)。

A. 可以建设高压线塔等产生电磁辐射的装置

B. 可以建设永久性固定的噪声发生源装置

C. 可以建设城市生活垃圾处理厂项目

D. 可以建设与供水设施和保护水源有关的项目

26. 某建筑工地不分昼夜地施工，工程需要的水泥露天堆放，工人将生活垃圾与建筑垃圾随意乱扔，周围的居民可能遭受的污染不包括(　　)。

A. 噪声污染

B. 辐射污染

C. 大气扬尘污染

D. 固体废弃物污染

27. 不属于《中华人民共和国噪声污染防治法》规定的“噪声敏感建筑物区域”的是(　　)。

A. 居民住宅区

B. 文教科研区

C. 医疗区

D. 工业集中区

28. 固体废物管理的“三化”原则不包括(　　)。

A. 减量化

笔记区

B. 资源化

C. 无害化

D. 生态化

29. 根据国务院《基本农田保护条例》的规定，城市和村庄周边的耕地应(　　)。

A. 全部划入基本农田保护区

B. 不划入基本农田保护区

C. 一半划入基本农田保护区

D. 优先划入基本农田保护区

30. 下列不属于“在城市市区噪声敏感建筑物集中区域内，禁止夜间进行产生环境噪声污染的建筑施工作业”的例外情形的是(　　)。

A. 抢修

B. 工期要求

C. 抢险

D. 因生产工艺上要求或者特殊需要必须连续作业

31. 下列哪种塑料制品是我国允许使用的？(　　)

A. 厚度小于0.025毫米的超薄塑料购物袋

B. 一次性发泡餐具

C. 一次性塑料棉签

D. 可降解塑料吸管

笔记区

32. 下列哪种动物是可以食用的(　　)。

A. 穿山甲

B. 果子狸

C. 蛇

D. 牛蛙

33. 老王新开了一家服装店,想要宣传,下列做法不正确的是(　　)。

A. 在店门口张贴海报

B. 租用广告牌打广告

C. 使用高音喇叭进行广告宣传

D. 在个人公众号上发布开店信息

34. 建筑工地扬尘防治工作应当由谁负责进行(　　)。

A. 施工单位

B. 村委会

C. 生态环境部门

D. 公安机关

35. 下列做法,不正确的是(　　)。

A. 科学合理施用化肥并按照国家有关规定使用农药

B. 在人口集中地区对树木、花草喷洒剧毒、高毒农药

C. 对秸秆、落叶等进行综合利用

D. 使用优质煤作为燃料

笔记区

36. 下列做法,不正确的是(　　)。

A. 运输煤渣土的车辆应当采取措施防止物料遗撒造成扬尘污染,并按照规定路线行驶

B. 贮存煤炭、石灰、石膏、砂土等易产生扬尘的物料应当密闭

C. 对于暂时不能开工的建设用地,建设单位应当对裸露地面进行覆盖

D. 使用不符合规定标准或要求的锅炉

37. 老王想在一家工厂从事放射性辐照杀菌装置操纵工作,下列做法正确的是(　　)。

A. 设备操作简单,学习一下直接上岗

B. 参与单位的辐射安全培训和考核,考核合格方可上岗

C. 找熟人带自己观摩老员工工作,看看就会了

D. 找人替代进行辐射安全培训和考核,自己直接上岗

38. 老王家靠海,他的下列做法正确的是(　　)。

A. 向海中排放未经处理的生活污水

B. 为了省钱不给自家船舶配置防污设备和器材

C. 砍伐沿海防护林

D. 进行海水养殖时科学确定养殖密度

39. 下列说法错误的是(　　)。

A. 发展循环经济是国家经济社会发展的一项重大战略

B. 在废物再利用和资源化过程中,应当保障生产安全,保证产品质量符合国家规定的标准,并防止产生再次污染

笔记区

C. 公民应当增强节约资源和保护环境意识,合理消费,节约资源

D. 由于塑料制品使用方便,国家鼓励多使用塑料制品

40. 老王中秋节想购买几盒月饼,下列做法有利于环境保护的是(　　)。

A. 购买包装最豪华的月饼,在亲友面前有面子

B. 多购买一些月饼,吃不完扔掉也没关系

C. 买包装简单的月饼,并将废弃包装交给有资质的回收站

D. 把废弃月饼包装混放在厨余垃圾中

## 参考答案

| | | | | |
|---|---|---|---|---|
| 1. A | 2. D | 3. A | 4. D | 5. D |
| 6. D | 7. C | 8. B | 9. C | 10. D |
| 11. A | 12. C | 13. D | 14. D | 15. C |
| 16. B | 17. B | 18. A | 19. B | 20. C |
| 21. A | 22. C | 23. C | 24. A | 25. D |
| 26. B | 27. D | 28. D | 29. D | 30. B |
| 31. D | 32. D | 33. C | 34. A | 35. B |
| 36. D | 37. B | 38. D | 39. D | 40. C |